Au nom de toutes les victimes

Jean-Christophe Coubris
Avec Éric Maitrot

Au nom de toutes les victimes

Flammarion

ISBN : 978-2-0815-0636-7

À toutes les victimes qui me font confiance.

« Un mensonge peut faire le tour du monde le temps que la vérité mette ses chaussures. »

Mark Twain.

« Ce qu'il y a de meilleur dans l'avocat, c'est qu'il soit là quand il n'y a plus personne. »

Roland Dumas,
avocat et homme politique.

AVANT-PROPOS

Au nom de toutes les victimes

Beaucoup détestent l'injustice, moi je l'ai en horreur. Elle m'écœure, me révulse.

D'une éducation chrétienne, défendre la veuve et l'orphelin a toujours été pour moi une évidence. Aussi loin que je me souvienne. Je n'ai pas pour autant souhaité diriger ma vie vers une cause humanitaire ou religieuse.

J'ai toujours agi par conviction, par instinct, et la vie s'est chargée du reste.

Aujourd'hui, je suis avocat de victimes et j'en suis fier.

Beaucoup nous méprisent, surtout les médecins. Moi, pourtant, j'admire leur métier. Je respecte le corps médical. J'ai conscience de l'utilité des médicaments, et des vaccins, entre autres.

Cependant, leur utilité et leur bénéfice doivent être supérieurs aux risques qu'ils font courir aux patients.

Il n'est pas question de parler, par principe, d'un combat « contre » les médecins ou « contre » l'industrie du médicament. Le seul combat que je mène est celui « pour » les victimes et donc parfois « contre » un corps médical trop souvent formaté par les médecins commerciaux des laboratoires pharmaceutiques.

Lorsque le patient devient victime, il doit continuer de vivre et accepter ses séquelles sans connaître, la plupart du temps, ses droits les plus élémentaires.

Très souvent, le mépris et le silence sont les seules réponses qui lui sont opposées.

Mauvais choix thérapeutiques, maladresse, négligence, « je-m'en-foutisme », « faute à pas de chance » : l'attitude du professionnel de santé est trop souvent la même, un pernicieux mélange d'insouciance, de déni et de mensonge.

Ne jamais avouer, ne jamais reconnaître, et même ne jamais discuter… Pour la victime, cela ne fait qu'ajouter du malheur au malheur !

Parfois, le législateur va tenter, tant bien que mal, d'apporter une aide à ce malheureux patient (ou à ses proches lorsqu'il y a eu décès ou handicap grave), qui ne peut seul s'engager dans un combat aussi inégal face aux sachants en blouse blanche, face à l'Hôpital avec un grand H.

La loi du 4 mars 2002, dite loi Kouchner, relative aux droits des malades, en est le parfait exemple, avec ses zones d'ombre, ses limites et parfois même son hypocrisie.

J'en veux pour preuve l'article 1 de cette loi. Ce premier article, qui n'est, ni plus ni moins, qu'une suppression des droits de victimes qu'une jurisprudence leur avait pourtant attribués dix-huit mois plus tôt. Il s'agit de la jurisprudence Perruche de la cour de cassation en date du 17 novembre 2000 : les magistrats avaient décidé d'indemniser les enfants nés avec de très lourdes séquelles non diagnostiquées durant la grossesse.

Il semblerait que, dans ce bref laps de temps, le lobby des obstétriciens et des assureurs ait parfaitement fonctionné.

Il est vrai que les enjeux financiers sont considérables.

Nous sommes fragiles et bien peu armés contre cette pensée organisée, ces groupes d'influence bien établis, parfois là où on ne les attend pas...

La voix de la victime est difficile à porter.

C'est ce qui m'a conduit à vouloir témoigner, à m'exprimer au travers de mon vécu sur ces vies brisées, mais aussi sur ces vies de courage et de bonheur que j'ai eu l'honneur de connaître et de défendre.

Après plus de vingt ans d'exercice, j'ai assisté des milliers de victimes. Pour chacune d'entre elles, nous pourrions écrire un livre entier.

La souffrance, le bonheur, la déception, la joie, l'horreur, l'espoir sont autant de sentiments terriblement intenses qui se mêlent et s'entremêlent au fil des longues années que durent parfois les procédures.

Je conserve pour un grand nombre d'entre eux une émotion qui se manifeste à la simple évocation d'un prénom, d'un visage, d'un drame, d'une ou plusieurs existences détruites.

Ce furent parfois de belles victoires, mais aussi des échecs douloureux que l'on ne peut hélas éviter. Le combat est toujours déséquilibré, et seuls la persévérance et le courage peuvent nous éviter les regrets tout en nous préservant, clients comme avocat, de basculer dans un syndrome de paranoïa.

Pour mieux illustrer le parcours tout à la fois hors norme et exemplaire de « mes » victimes, j'ai fait le choix difficile de raconter dans ces pages quelques-uns de mes dossiers les plus marquants.

Que tous ceux qui ne sont pas cités dans ce droit de parole ne s'en offusquent pas, je ne les oublierai jamais.

Jean-Christophe Coubris

Chapitre 1

Aux origines de mon engagement

Tout au long de sa vie, on croit choisir son destin en animal libre que l'on rêve d'être, mais bien souvent certains aléas guident nos décisions majeures. Parfois à notre insu…

Ainsi, j'ai conscience aujourd'hui qu'à l'orée de ma vie adulte deux événements essentiels m'ont conduit sur la voie qui est désormais la mienne depuis trente ans. Ils ont forgé ce que je pourrais appeler ma vocation.

Mon parcours d'étudiant a été fortement influencé par les activités professionnelles de ma famille qui exploite depuis un siècle tout juste le domaine du château La Mouline à Moulis entre Margaux et Saint-Julien. Vingt-deux hectares au cœur du Haut-Médoc.

Difficile choix entre la vigne et le droit : deux domaines qui, très jeune, m'ont passionné.

Par atavisme sûrement, par passion ensuite, j'ai commencé à vendanger à l'âge de deux ans bien calé sur les genoux de mon grand-père, au volant du tracteur. Puis, dès l'âge de neuf ans, j'ai espionné mon père – qui en plus de gérer le domaine était conseil juridique – lors de ses consultations. J'étais fasciné par son écoute rassurante et ses connaissances qui semblaient presque magiques pour le petit garçon que j'étais.

Une fois le bac en poche, mon parcours universitaire a été quelque peu chaotique. Je préférais vinifier dans nos chais, respirer l'odeur de la terre et vivre au grand air plutôt qu'écouter, dans les amphis bondés de la faculté de droit de Bordeaux, des cours magistraux trop souvent ennuyeux.

Durant une dizaine d'années, j'ai consacré l'essentiel de mon temps au Château La Mouline, tout en obtenant bon an mal an mes diplômes de droit. Une façon pour moi de retarder l'heure du choix. J'espérais encore à cette époque pouvoir mener de front mes deux passions.

À tel point que j'ai décroché mon diplôme universitaire d'aptitude à la dégustation à la faculté d'œnologie de Bordeaux, en 1996.

Ma rencontre avec le docteur Dominique Courtois et la naissance de ma fille vont bousculer mon univers et mon itinéraire qui semblait balisé par avance.

Le docteur Courtois, président et fondateur en 1990 d'une association d'aide aux victimes d'erreurs médicales

(AAVAC[1]) était également, pour ses activités professionnelles de chirurgien stomatologue, un client de mon père.

Lorsqu'il lui a demandé de l'aider à défendre les droits de ses adhérents, mon père m'a aussitôt proposé ce challenge qui pouvait impressionner le tout jeune avocat que j'étais.

Je venais juste d'être papa d'une adorable petite fille, Constance, dont la naissance s'était hélas mal passée.

Nous n'apprendrons qu'à ses deux ans la gravité de son état liée à sa prématurité et une souffrance fœtale lors de l'accouchement.

Constance vit aujourd'hui avec une hémiplégie du côté droit, due à des troubles cognitifs sévères.

L'obstétricien, après nous avoir expliqué que tout se passerait « à la grâce de Dieu », ne nous a jamais informés des difficultés que nous allions rencontrer.

Aux dix-huit mois de Constance, le chef de service de l'hôpital des Enfants de Bordeaux a rédigé un courrier dont je n'oublierai jamais les termes tant ils étaient brutaux, culpabilisants et surtout totalement erronés. Il estimait, du haut de sa chaire, que si notre fille avait du retard dans la marche ou l'élocution, ce n'était que la conséquence d'une surprotection de ses parents. Il nous a alors conseillé « de la faire marcher sur le sable » !

---

1. AAVAC : Association d'aide aux victimes d'accidents corporels.

Six mois plus tard, une première IRM mettra en évidence l'atteinte cérébrale dont Constance a été victime lors de sa naissance.

S'ensuivit un long et douloureux parcours, tant médical que scolaire. Une enfance puis une adolescence remplies d'embûches pour Constance et aussi pour les parents inexpérimentés que nous étions.

Les notions d'assistant de vie scolaire (AVS) et de tiers-temps scolaire étaient à cette époque difficiles à admettre pour le corps enseignant. Le système très normé de l'Éducation nationale ne savait pas, ou ne voulait pas, gérer les enfants « différents », ceux que l'on ne pouvait pas glisser tranquillement dans une des cases habituelles…

La conseillère d'orientation en troisième nous avait vivement suggéré de diriger Constance vers un « circuit scolaire court » pour envisager une activité manuelle, lui interdisant tout espoir de suivre un parcours plus traditionnel.

Ce ne fut pas le choix de Constance.

Avec une force qui souvent m'a laissé sans voix, elle a cru en elle, comme nous ses parents croyions en elle. Aujourd'hui Constance présente une thèse en biologie marine[1], après un bac + 6.

---

1. Une thèse consacrée à l'Amphiura Filiformis, une classe d'échinodermes proches des étoiles de mer, et traitant de son acquisition alimentaire de la capacité d'émettre de la lumière.

Il nous avait également été prédit, par un autre médecin éclairé, que notre fille « ne serait jamais Marie-Jo Pérec », l'athlète française qui fut double championne olympique du 400 mètres aux Jeux olympiques de Barcelone (1992) et d'Atlanta (1996). Constance sera pourtant sacrée à trois reprises championne de France d'équitation handisport en sauts d'obstacles et obtiendra le statut de sportive de haut niveau !

Avec son « handicap », elle a également pu vivre une merveilleuse expérience en Afrique du Sud au milieu des requins blancs, dans le cadre de sa formation professionnelle.

Je suis si fier d'elle, de son obstination, de son courage et de son parcours qui a rarement été de tout repos.

J'ai aussi eu la joie d'être papa de Sacha et de Nina. Et même si l'éducation des enfants n'est pas de tout repos, force est de reconnaître que le handicap complique singulièrement la tâche.

*

Vivre le handicap en qualité de parent et au quotidien venait de m'ouvrir les yeux. Le défendre en qualité d'avocat s'est alors imposé à moi comme une évidence.

Très rapidement, j'ai compris à quel point cet engagement face au corps médical serait périlleux et difficile. L'omerta, la mauvaise foi, la collusion vont sans cesse perturber ma recherche de la vérité.

Heureusement, le docteur Courtois m'a fait gagner un temps précieux. Il m'a transmis toute son expérience, notamment du déroulement des expertises médicales, moments ô combien stratégiques, pour défendre au mieux les intérêts de mes clients.

Le parcours de ce médecin bordelais n'est pas banal non plus. Plus particulièrement, c'est la disparition tragique de son fils aîné dans un accident de la circulation qui a renforcé l'engagement de toute sa famille dans ce lourd combat, ce qui allait nous unir pour de nombreuses années.

Depuis 2009, j'ai de plus le plaisir et la fierté d'être associé avec son fils, et aussi mon ami, Philippe.

Le cabinet Coubris-Courtois & Associés est désormais composé de six associés, Marine Susperregui, Delphine Hirn, Julie Dufaut, Anne-Laure Tiphaine et nous deux, notre principale force étant de partager les mêmes valeurs humaines, la même vision de nos objectifs et des intérêts réels de nos clients, et ce depuis le début.

J'ai également la chance de travailler avec une quinzaine de collaboratrices et une quinzaine d'assistantes, tout aussi compétentes les unes que les autres dans la gestion des missions souvent difficiles qui leur sont confiées. Ce sont les qualités professionnelles, la combativité et la constance de cette équipe très féminine qui nous permettent d'obtenir des résultats aussi satisfaisants pour la plupart de nos clients, ne serait-ce que la simple reconnaissance de leur statut de victimes.

En effet, très tôt je prendrai conscience de l'immense réconfort, du soulagement même, que l'on pouvait apporter à nos clients en leur obtenant ce statut que bien souvent le système adverse (médecins, hôpitaux, laboratoires, assureurs...), constamment sur la défensive, s'acharne à leur refuser.

Car ce serait une énorme erreur que de croire que nos clients nous sollicitent avant tout pour obtenir un avantage financier.

Dans leur très grande majorité, ils ne veulent que LA vérité et la justice. Être reconnus comme victime avec cette préoccupation commune : tout mettre en œuvre pour que les événements souvent dramatiques qu'ils ont subis ne se reproduisent plus.

L'aspect financier n'apparaît que plus tard, surtout pour des victimes qui ne peuvent plus exercer leur métier ou dont les séquelles nécessitent des services et des acquisitions fort onéreuses.

À titre d'exemple, la prothèse de genou la plus efficace actuellement sur le marché (Genium X3) représente un investissement de plus de 100 000 euros, non pris en charge par la Sécurité sociale.

Pour les victimes qui ont besoin d'une aide à domicile 24 heures sur 24, la dépense supplémentaire sur ce poste peut dépasser les 200 000 euros par an !

De façon cruelle, plus les séquelles sont lourdes plus les besoins financiers sont élevés.

Dès lors qu'un tiers responsable (de l'accident ou de l'erreur médicale) ou qu'un fonds de solidarité peut être sollicité, l'indemnisation reçue ne va effacer ni la douleur ni les handicaps, mais elle permet d'en atténuer les conséquences au quotidien.

Le courage dont font preuve ces victimes (et leurs proches) ne cesse de m'étonner chaque jour. Cette force parfois surhumaine dont j'ai pu être témoin chez tant d'entre elles ne cesse de m'émerveiller.

Très peu de ceux que j'ai pu défendre ont tenté ou réellement envisagé de mettre fin à leurs jours quelles que soient leur douleur ou leurs souffrances. Coincés dans le carcan de leur vie brisée, ils trouvent, quel que soit leur âge, des ressources insoupçonnables pour continuer de vivre et de se battre pour obtenir justice et réparation.

Pour accompagner mes clients sur ce chemin chaotique et éprouvant, j'ai également eu la chance de rencontrer des médecins remarquables qui partagent nos valeurs et qui œuvrent dans l'intérêt des victimes au quotidien. Sans fléchir face aux pressions, même les plus menaçantes : femmes, hommes, médecins experts comme le docteur Irène Frachon [1] qui nous a apporté un soutien indéfectible au côté des milliers de victimes du Mediator que nous représentons.

Sans elle, cet immense scandale, cette affaire honteuse, ne serait peut-être jamais parvenu jusque dans les prétoires. Ce sont ces praticiens intègres et emplis d'humanité, comme Irène Frachon, qui nous

1. Chapitre 18 : L'affaire du Mediator des laboratoires Servier. Ce méga scandale qui a bien failli rester secret.

donnent la force de continuer lorsque les conflits d'intérêts et les complicités inavouables dressent sur notre route des obstacles qui semblent parfois insurmontables.

Je ne les remercierai jamais assez !

Chapitre 2

Ma première affaire d'erreur médicale

La perte d'une enfant est insupportable

On n'est jamais prêt à affronter la mort d'une enfant de cinq ans. Jamais. Quelles que soient votre force de caractère et l'épaisseur de votre carapace. Quel que soit votre amour de la justice et de la vérité.

Le décès de la petite Marianne G. [1] à la polyclinique Lafargue à Cenon, près de Bordeaux, le samedi 24 octobre 1998, est ma première affaire d'erreur médicale importante. Cette première se révélera humainement éprouvante.

Dans ce dossier, tous les chocs émotionnels possibles sont réunis. La douleur et les accusations d'une mère, sa nécessaire résistance au suicide, la tentation de la vengeance et, en toile de fond si aggravante, la violence de l'omerta hospitalière !

1. Le prénom et l'initiale du nom ont été modifiés.

Que mon premier rendez-vous avec les parents ait lieu à la veille de Noël 1998 à mon cabinet de la rue du Bocage n'aura rien arrangé. En ces temps de réjouissances familiales, on est encore moins prêt à soutenir le regard de parents dévastés par le chagrin…

Je n'avais aucune formation, aucune expérience pour gérer au mieux la souffrance de ces deux parents. Chaque mot prononcé pouvait alourdir leur peine ou attiser leur colère.

C'est aussi la première fois, et hélas pas la dernière, que je vais voir le corps médical faire bloc pour mieux culpabiliser une famille. Un réflexe d'autoprotection que je rencontrerai trop souvent dans la suite de ma carrière. Cette solidarité instantanée qui mobilise en quelques heures tous les réseaux, toutes les complicités pour que la « belle histoire » soit écrite le plus vite possible. Une belle histoire dans laquelle bien entendu les médecins, le personnel soignant, l'hôpital n'ont rien à se reprocher. Une belle histoire souvent cousue de fil blanc dans laquelle ce sont la malchance ou le destin qui sont finalement montrés du doigt.

Détruits par la perte d'un proche, les membres de la famille doivent en plus affronter cette redoutable machine à réécrire les faits. Jusqu'à douter d'eux-mêmes, de ce qu'ils ont fait ou auraient dû faire. De ce qu'ils ont vu et entendu. Des gens qui étaient là ou auraient dû être là[1]. Jusqu'à

1. Chapitre 10 : L'affaire Walter : l'enquête impossible d'un père déterminé. Au plus profond du déni.

penser qu'ils sont en réalité les seuls responsables du drame qui les frappe. C'est en cela que je trouve ce mécanisme tout simplement abject et que j'ai passé ma carrière à défendre mes clients face à cet intolérable rouleau compresseur.

Ce vendredi 23 octobre 1998, Marianne se fait opérer des amygdales dans cette clinique de la banlieue bordelaise. Quoi de plus banal qu'une ablation des amygdales ?

Pourtant, durant la nuit, la petite fille perd connaissance et vomit à plusieurs reprises. Sa maman, Isabelle[1], qui est restée auprès d'elle, alerte. En vain. Son premier récit publié par le quotidien *La Dépêche du Midi*[2] quatre jours plus tard dit tout en peu de mots : « J'ai passé la nuit au pied du lit de ma fille. À un moment, elle a eu des convulsions et j'ai sonné le médecin. Il est arrivé et m'a dit que ce n'était rien[3]. Il m'a répondu que c'était peut-être les effets secondaires de l'antibiotique. Je ne devais pas m'inquiéter si elle vomissait ou si elle crachait ! Ils ne lui ont pas pris la tension, ils ne lui ont pas donné à boire, rien. À 5 heures, quand je me suis réveillée, j'ai vu qu'elle avait de la mousse qui sortait par le nez et j'ai compris. »

---

1. Le prénom a été modifié.
2. « Mourir à cinq ans pour une simple opération des amygdales », *La Dépêche du Midi* du 28 octobre 1998.
3. Dans sa déposition du 24 octobre 1998, elle affirmera n'avoir vu que des infirmières durant la nuit. Le médecin, elle dira l'avoir rencontré à la machine à café…

C'est une succession de faits liés à un manque de potassium [1] qui va provoquer le décès de Marianne : à cause de cette carence, la petite perd conscience et vomit, puis inhale ses vomissements, créant ainsi un œdème pulmonaire. Alors qu'une simple perfusion riche en sodium aurait pu compenser dans des délais très courts.

Il a été démontré que les vomissements mousseux saumonés de la petite fille étaient un signe qui aurait dû alerter le personnel soignant.

Au petit matin, inconsciente, elle s'étouffe dans son vomi. Elle est en grande détresse. Transférée en salle de réanimation, mais bien trop tard, les médecins ne pourront pas la sauver.

L'autopsie indiquera que la fillette est morte « d'un œdème pulmonaire aigu » et d'une « grave insuffisance respiratoire due à l'avalement de glaires ». Diagnostic qui sera confirmé par le rapport d'expertise de la procédure pénale, lequel évoque « l'inhalation de vomissements ayant provoqué un œdème pulmonaire et une hypoxie [2] ». Et insiste sur la défaillance du personnel médical de la clinique : « Une surveillance médicale et infirmière plus attentive aurait pu attirer l'attention sur l'état clinique anormal de l'enfant et permettre de prendre des mesures diagnostiques et thérapeutiques appropriées. [...] L'absence de contre-visite du soir et

---

1. L'hyponatrémie, c'est-à-dire le manque de potassium, a été révélée par l'autopsie.

2. L'hypoxie est le manque d'apport en oxygène au niveau des tissus de l'organisme.

l'absence de recours au médecin d'astreinte au cours de la nuit n'ont pas permis qu'une thérapeutique efficace soit mise en œuvre… »

Lors de nos différents entretiens, et surtout dès son audition par la police judiciaire bordelaise le 24 octobre 1998, Isabelle sera plus précise sur les circonstances de cette nuit-là : « Je précise que durant tout ce temps, aucun médecin ou chirurgien n'est venu la voir. Par contre, j'ai rencontré le chirurgien en allant boire un café et il m'a dit que l'opération s'était bien passée et que c'était normal qu'elle somnole tout le temps. »

Jusqu'à évoquer les instants terrifiants du petit matin : « Je me suis réveillée vers 5 h 30-6 heures et j'ai constaté qu'elle dormait toujours. J'ai essayé de lui tourner la tête pour voir si tout allait bien et j'ai constaté qu'elle était froide. Ses mains étaient dures et contractées et sa bouche entrouverte. La langue dépassait légèrement de la bouche et de la mousse sortait au niveau du nez. »

Isabelle tente de réchauffer sa petite fille, de la bouger, mais n'arrive pas à la réveiller. Elle sonne l'infirmier de garde qui l'examine et lui dit simplement : « Il y a un problème, il faut qu'on la descende… » À cet instant, la maman touche à nouveau sa fille : « Je me suis doutée qu'elle était décédée… »

L'enfant est ensuite transportée en salle de réanimation. Trois quarts d'heure plus tard, une anesthésiste vient annoncer à la jeune maman que sa fille est décédée : « Elle m'a précisé que vraisemblablement une glaire était descendue dans les poumons et que cela avait provoqué un arrêt cardiaque… »

Forcément, dans les heures qui suivent, c'est panique à bord dans les couloirs de la clinique. Personne n'ignore l'effet dévastateur que peut avoir ce type de drame pour un établissement médical. Tout décès suite à une éventuelle négligence est une catastrophe pour une clinique. La mort fautive d'une enfant serait un séisme !

Dès le mardi, le parquet de Bordeaux se saisit du dossier et ouvre une instruction judiciaire pour « homicide involontaire ». Pour les parents de Marianne, c'est certain, il y a eu « des négligences » lors de la phase post-opératoire.

Dans un réflexe de défense que j'ai trouvé odieux, le directeur et propriétaire de la clinique va déclarer dans le quotidien *Sud-Ouest* du 29 octobre, qu' « un enfant qui meurt dans les bras de sa mère, c'est ahurissant. […] Une mère ne s'endort pas en laissant ainsi un enfant… Il n'est pas question de charger la mère, c'est épouvantable. Je ne reproche pas à cette femme de s'être endormie, mais elle n'avait qu'à dire à l'infirmier : "Prenez ma fille et chargez-vous-en !" »

Il n'est pas question de charger une mère, mais tout de même un peu et surtout il est visiblement question de décharger son établissement !

Lequel pourtant n'était pas exempt de tout reproche comme le révélera un rapport d'inspection accablant de l'Agence régionale de santé (ARS) suite à une « enquête médico-administrative approfondie » en date du 1er décembre 1998. Tout y passe : « Entretien défaillant des chambres », salles de soins faisant office de pharmacie, de tisanerie, de local administratif, de stockage de déchets et de vestiaires, « accès au bloc général pas protégé », « circuit propre/sale mal organisé », maternité dépourvue de chariot d'urgence opérationnel[1], etc.

Côté personnel, ce n'est guère plus brillant puisque le rapport souligne des situations de sous-effectifs chez les anesthésistes, les sages-femmes et parmi les paramédicaux. Tout comme un turn-over important et un recours inhabituel à des personnels intérimaires.

L'examen des dossiers médicaux permet aux inspecteurs de l'ARS de constater que sur les seize décès survenus dans la clinique au cours des deux dernières années, cinq seulement faisaient l'objet d'un dossier complet et étaient « explicables médicalement », mais que huit apparaissaient comme « non explicables » et que trois dossiers de personnes décédées étaient « incomplets ou inexistants ».

Estimant que « les conditions de fonctionnement constatées représentent un danger grave pour la sécurité des patients », l'Agence régionale de santé prononce la fermeture administrative de l'établissement.

1. Dans cette même maternité, il a été trouvé dans la pièce attenante à la nursery un réfrigérateur contenant des médicaments, des prélèvements bactériologiques de nouveau-nés et le stock de nourriture du personnel…

Après une période de travaux indispensables, la clinique sera finalement vendue et entièrement rénovée par ses nouveaux propriétaires.

Les déclarations indignes selon moi du patron de la clinique vont injecter à Isabelle G. le pire des poisons, le plus insidieux et destructeur : la culpabilité. Quelle mère ne culpabilise pas d'avoir été impuissante à sauver elle-même la vie de son enfant ? Alors quand le corps médical en rajoute, je trouve cela détestable !

Il est toujours bouleversant de voir dans ces affaires de décès d'enfant à quel point les parents sont détruits, rongés par leur souffrance quand ce n'est pas par la culpabilité. Je sens très vite que le papa, Stéphane G. [1], qui est basque et a exercé un temps dans la Légion étrangère, est une bombe à retardement. Il a eu une enfance difficile et s'est stabilisé avec ce mariage et la naissance de ses enfants. Il me paraît possible que ses vieux démons ressurgissent… Comment va-t-il garder sa raison pour ne pas se venger lui-même ? Pour lui, je l'avoue, j'ai eu peur… Ses premières déclarations dans *La Dépêche du Midi* quatre jours après le drame sont déjà emplies d'une colère légitime : « C'est inadmissible. Personne de la clinique n'a pris la moindre nouvelle. Nous n'avons eu de leur part aucun soutien moral ! Et plus grave encore, on ne nous a rien dit sur la mort de la petite. On ne sait rien ! Marianne avait seulement cinq ans et toute la vie devant elle. Elle a rendu des gens très heureux.

1. Le prénom et l'initiale du nom ont été modifiés.

C'est dur et je ne sais pas comment je vais réagir au cimetière… »

*

Durant leur trop longue procédure, plus de six années, Isabelle et Stéphane sont fréquemment venus me parler de leur souffrance.

Un jour, que je situe entre le jugement de première instance et l'attente de la date d'audience devant la cour d'appel, donc entre mars et octobre 2004, Stéphane arrive seul pour me voir, ce qui n'est pas dans ses habitudes.

Très agité, il veut par tous les moyens faire accélérer le calendrier de la procédure. Cinq ans et demi que sa fille est morte, il n'en peut plus d'attendre justice !

Il souhaite que je convoque une conférence de presse. Il veut que « les assassins » de sa fille, comme il ne cesse de me le répéter, soient condamnés.

Je lui redis qu'il est difficile de mobiliser la presse sans éléments nouveaux et lui explique que, hélas, aujourd'hui l'effet médiatique est retombé.

Il m'interrompt soudainement et me demande d'aller fumer une cigarette sur le balcon de mon bureau, bureau se situant au premier étage de l'immeuble.

Je lui ouvre la porte-fenêtre et le laisse se calmer à l'air libre. Enfin, c'est ce que je crois…

J'en profite pour gérer quelques courriers.

Mais après quelques minutes, je m'étonne de ne pas le voir revenir. Un léger doute m'assaille alors. Je commence à m'inquiéter et je le rejoins.

Je le trouve assis sur la rambarde, les pieds dans le vide.

Il doit être un peu plus de 13 heures et il n'y a plus personne à part nous dans les bureaux.

Alors, je tente de lui parler. Il me fixe droit dans les yeux de son regard noir et me lance dans un air de défi : « Puisque les journaux ne s'intéressent plus à l'histoire de ma fille, et bien, moi, je vais leur donner de quoi écrire ! »

À cet instant, je ne suis plus seulement son avocat, mais je ne suis pas pour autant négociateur ou psychologue.

Je l'interroge sur son passé, les moments de joie et de bonheur de sa vie, mais aussi sur son parcours de jeunesse chaotique.

Je me débats avec l'énergie du désespoir pour trouver les mots justes pour lui faire entendre raison. Je n'ai absolument aucun doute sur sa détermination. Pendant plus d'une heure, je donne tout.

Certes, nous ne sommes qu'au premier étage, mais des plots en acier destinés à empêcher le stationnement des véhicules sur le trottoir peuvent rendre la chute mortelle.

Dans ce genre de situation, on se demande sans cesse si le mot suivant sera le bon… Je vis un très grand moment de solitude avant de le convaincre de se lever de la rambarde et de revenir dans le bureau. Je parviens à repousser ses idées noires. Au moins pour ce jour-là…

Je me souviens m'être senti vidé de toute énergie dans les heures qui ont suivi, mais je vais obtenir sa promesse d'homme qu'il n'agira ni contre lui, ni contre aucun des protagonistes jusqu'à la fin du procès.

Le jour de l'audience, le 7 octobre 2004, devant les magistrats de la cour d'appel, je suis tout de même inquiet du comportement qu'il va adopter. D'autant que l'anesthésiste considérée comme responsable du défaut de surveillance de Marianne, le docteur P., est présente dans la salle. Stéphane est détruit par sa souffrance et sa colère, mais il tiendra parole.

*

La procédure – très longue – (quatre ans d'instruction, six ans et deux mois de procédure) a hélas ciblé et fait condamner une seule personne pour « homicide involontaire », cette médecin anesthésiste.

Que s'est-il vraiment passé cette nuit-là ? Difficile de le savoir en l'absence de toute trace écrite, de tout cahier de suivi et du moindre dossier patient !

C'est l'infirmière qui est venue la nuit, jamais l'anesthésiste.

La médecin anesthésiste condamnée est celle qui a pris la garde le vendredi à 13 heures, après l'intervention de Marianne et a autorisé son retour en chambre en début d'après-midi.

Le chirurgien et l'anesthésiste en charge de Marianne lors de l'opération avaient, eux, quitté la clinique. Sans qu'il n'y ait réellement eu de transmission d'informations.

Ce soir-là, cette anesthésiste était en charge de la surveillance de beaucoup trop de patients [1] et ne s'est jamais déplacée pour aller voir Marianne, et ce malgré les appels répétés de sa mère.

Pour être parfaitement honnête, je ne suis pas certain que l'infirmier alerté par Isabelle ait vraiment fait remonter les informations jusqu'à ce médecin.

Très vite, les déclarations des uns et des autres ont conduit les experts à considérer cette anesthésiste comme la seule responsable. J'ai toujours eu le sentiment, et ce depuis le début, qu'elle avait été sacrifiée par tous ses confrères. Je crois me souvenir qu'elle était arrivée peu de temps auparavant dans cette clinique. Elle disposait probablement de moins d'appuis. Elle était le fusible idéal !

À l'occasion de l'audience devant le Conseil régional de l'ordre des médecins, le 13 mai 2007, elle m'avait, juste avant d'entrer dans la salle, confirmé en quelques mots mon ressenti.

Ce n'est pas pour autant qu'elle va se rebeller contre cet employeur qui la laisse tomber ! La « grande muette » en version hospitalière et dans toute sa splendeur…

---

1. Le docteur P. a reconnu devant les juges qu'elle aurait dû ce soir-là, avant de partir, visiter l'ensemble des malades des trois étages de la clinique mais que devant l'ampleur de la tâche et après une journée éprouvante, elle avait fait le choix de se contenter de revoir « ses » opérés du jour à l'étage supérieur.

J'étais tout aussi écœuré qu'elle ne puisse pas apporter à cette famille toute la lumière sur les circonstances du décès de leur fille. Cette enfant de cinq ans qui est décédée suite à une simple opération des amygdales et qui aurait pu être sauvée par un apport de sodium, c'est-à-dire l'administration d'une simple solution salée.

Au motif notamment que « sa carence à visiter l'enfant après son retour en chambre est gravement fautive et incompréhensible au regard de la décision médicale de garder l'enfant en hospitalisation de nuit pour "surveillance" », nous avons obtenu, le 9 décembre 2004, la confirmation en appel de la condamnation de ce médecin pour homicide involontaire avec une peine de dix mois d'emprisonnement avec sursis et une amende délictuelle de 15 000 euros. Elle verra son pourvoi en cassation rejeté en mai 2005.

Le Conseil régional d'Aquitaine de l'ordre des médecins ne jugera cependant pas nécessaire de la condamner disciplinairement. Estimant que « les causes du décès restent incertaines », que « l'évolution dramatique de cette intervention ne peut être la conséquence d'un défaut d'adaptation de la thérapeutique du docteur P. » et « considérant que l'absence de mention des incidents survenus pendant la nuit par le personnel infirmier auprès de ce praticien d'astreinte a constitué une perte de chance dont la responsabilité ne peut être attribuée au docteur P. ».

J'en ai gardé une immense frustration, l'une des premières de ma carrière, dans la quête de la vérité et dans la nécessaire identification de tous les responsables. Et je dis bien « tous » les responsables. Pas simplement un fusible qui permet au système défaillant de s'en sortir sans dommages…

Les échecs font partie de notre métier. Ils nous nourrissent et souvent nous permettent de nous améliorer.

Cependant, l'injustice me ronge et m'encourage à persévérer. Il m'arrive de me remettre en question ; parfois on manque d'objectivité, tant la souffrance de la famille peut nous bouleverser.

Cette douloureuse affaire m'a permis de mieux comprendre le rôle prépondérant des experts judiciaires. Dans ce dossier, ils se sont contentés des déclarations des uns et des autres sans jamais les remettre en cause. Et c'est là, toute la difficulté de la matière.

Les experts estiment qu'ils n'ont pas pour mission d'enquêter et surtout que leurs confrères ne peuvent que déclarer la vérité. Pourtant, le mensonge n'est pas un privilège réservé aux avocats.

Avec l'évolution de la matière et l'émergence de quelques scandales, le comportement des experts s'est considérablement amélioré. Le scandale du Mediator a, entre autres, été un vrai déclencheur [1].

Oui le médecin, le professeur, le laboratoire peuvent sciemment cacher la vérité pour de sombres motifs. Et se faire prendre la main dans le sac. De même, certains

1. Chapitre 18 : L'affaire du Mediator des laboratoires Servier. Ce méga scandale qui a bien failli rester secret.

experts, à force de complaisance, peuvent se retrouver assis au rang des prévenus.

C'est une victoire pour toutes les victimes, mais il y a encore du chemin à parcourir.

Chapitre 3

Face au déni et à l'omerta

Le long et rude combat pour la vérité !

Pour un avocat spécialisé comme moi dans les dommages corporels et les erreurs médicales, les médecins experts ont toujours été une vaste source de questionnements. Quelle est leur réelle compétence ? Quelle est leur réelle indépendance ?

Tout au long de ma carrière, j'ai trop souvent eu cette très désagréable sensation de lire des expertises orientées ou biaisées. Au fil de ce livre j'y reviendrai très souvent, car cela m'est arrivé dans des affaires très diverses.

Dès que les responsabilités n'étaient pas établies par des faits ou des preuves évidentes et irréfutables, dès qu'il y avait la possibilité de noyer le poisson, quelle que soit sa taille, j'ai vu à l'œuvre la malhonnêteté intellectuelle de certains experts.

Du haut de leur savoir supposé et de leur statut de quasi intouchables, ils viennent déposer devant le tribunal des conclusions aussitôt érigées en paroles d'Évangile. Conclusions qui, comme par hasard, sont très souvent favorables à la défense, que la plainte vise un médecin, un hôpital ou un laboratoire pharmaceutique... plus les enjeux économiques sont importants, plus l'arsenal déployé est imposant.

C'est en cela que mon métier est une lutte sans fin pour la manifestation de la vérité.

Comme je l'ai raconté plus haut en évoquant mon histoire personnelle et les origines de mon engagement aux côtés de victimes, je suis extrêmement sensible à tous ces problèmes liés à l'accouchement. À l'évolution du sort des victimes et de leur famille, dans le domaine obstétrical.

J'ai été particulièrement marqué par le cas de la petite Camille T.[1], née le 2 mars 2004, et qui a souffert lors de l'accouchement d'une asphyxie cérébrale.

Le tableau initial des séquelles envisagées est catastrophique. Elle sera diagnostiquée tétraplégique et l'atteinte cérébrale est telle que le pronostic des médecins est sans appel : elle ne pourra jamais parler.

Aujourd'hui, Camille a seize ans et se déplace avec un fauteuil électrique qu'elle contrôle à l'aide d'un joystick.

Le plus surprenant reste son sourire permanent. Cet incroyable reflet d'un bonheur quotidien. Même si elle a conscience de la gravité de son état, elle savoure chaque moment de sa vie.

1. Le prénom et l'initiale du nom ont été modifiés.

Très vite, un mode de communication s'est établi entre Camille et ses parents, qui n'appartient qu'à eux. De petits bruits, des gestes infimes, de simples regards qui sont pour sa mère une multitude de lettres d'un alphabet magique, et qui forment autant de mots pour comprendre sa fille.

Camille exprime ses sentiments, ses désirs, ses interrogations comme une adolescente de son âge. Le tableau pauci-relationnel[1] décrit par le corps médical à la naissance de Camille est très loin de la vérité d'aujourd'hui.

Il est vrai malheureusement que, pour beaucoup de jeunes ayant connu des naissances aussi problématiques, les atteintes au cerveau sont irrémédiables et suppriment à vie toute notion de conscience. En ce sens, Camille a eu de la chance…

*

Aujourd'hui, ce dossier est pour moi un échec cruel. Puisque treize ans après cet accouchement dramatique, nous aurons un avis défavorable devant la cour d'appel de Paris, le 23 février en 2017[2].

Pourtant tout avait plutôt bien commencé. En effet, alors que je n'étais pas encore l'avocat de la famille, le

1. Dans un état végétatif chronique.

2. Les juges de la cour d'appel rejettent ainsi une demande de nouvelle expertise au motif qu'il n'y aurait aucun élément permettant de retenir un lien d'imputabilité entre la mauvaise prise en charge de l'accouchement du 2 mars 2014 et les séquelles de sa fille.

premier rapport d'expertise leur était favorable. Les experts, deux des meilleurs en France, avaient bel et bien conclu à un « rythme cardiaque fœtal (RCF) pathologique[1] » (dans le cas présent, un ralentissement anormal du cœur du fœtus) et donc à un retard dans la mise en place de la césarienne.

Ce rapport, rédigé par d'éminents experts judiciaires dans le cadre d'une procédure pénale, a été remis en cause par l'assureur de l'obstétricien qui a obtenu une contre-expertise.

Les experts qui ont établi le deuxième rapport ont considéré, à la lumière notamment d'une IRM, que le retard de césarienne n'était pas à l'origine de l'état de Camille. Au vu de son atteinte cérébrale, ils ont retenu qu'il devait s'agir d'une souffrance fœtale qui s'était manifestée durant le troisième trimestre de la grossesse.

Pour la famille, ce fut un véritable séisme. Tout était à refaire… C'est à ce moment-là que les parents de Camille m'ont sollicité et m'ont confié le dossier de leur fille.

J'ai pu obtenir une troisième expertise dont les conclusions ne considéraient pas, hélas, le retard de césarienne comme fautif, au motif que les séquelles

1. L'enregistrement du rythme cardiaque fœtal (RCF) est systématiquement pratiqué au cours du travail même en cas de grossesse à bas risque. Le RCF normal comporte quatre critères : rythme de base compris en 110 et 160 battements par minute pour la plupart des auteurs actuellement, variabilité normale ou modérée entre 6 et 25 bpm, présence d'accélérations et absence de ralentissements.

étaient la conséquence d'une maladie intra-utérine[1]. Cette maladie a été annoncée à la maman par les experts lors des opérations d'expertise. Sans guère de ménagement et avant de « nécessaires examens complémentaires spécifiques » pourtant suggérés dans leur propre rapport.

Selon cette troisième équipe d'experts, cette pathologie ne laissait à l'enfant qu'une espérance de vie de quatre à cinq ans. Et leur permettait d'écarter toute incidence entre « une prise en charge de la patiente en fin de travail qui n'apparaît pas parfaite » et les graves handicaps de Camille.

C'est sur la base de ces conclusions que la Commission de conciliation et d'indemnisation des accidents médicaux (CCI) considérera dans un avis rendu neuf mois plus tard que « les troubles neurologiques présentés par l'enfant ne sont pas imputables aux conditions de sa naissance, mais très vraisemblablement à une pathologie anténatale ». On notera les mots « très vraisemblablement » qui auraient pu et auraient dû laisser place au doute et ce au bénéfice de la victime. D'autant que les examens génétiques complémentaires estimés « nécessaires » par les experts seront finalement réalisés et écarteront tout simplement l'existence d'une telle pathologie !

1. Il s'agit d'une maladie génétique dite « lyposomiale » en rapport avec un dysfonctionnement du recyclage et de l'élimination des déchets dans le corps. L'accumulation de ces métabolites dans certaines cellules va provoquer des lésions au niveau de différents organes et des troubles particulièrement graves et irréversibles.

Imaginez les montagnes russes émotionnelles subies au fil des mois par les parents de Camille.

Cet échec douloureux ne signifiait pas, loin de là, la fin de notre course-poursuite avec la vérité. J'ai par la suite tenté d'obtenir devant le tribunal de grande instance de Paris la mise en place d'une quatrième expertise tant les conclusions précédentes étaient *a minima* contradictoires voire invraisemblables. Je n'ai pas pu avoir satisfaction ni devant les magistrats de première instance, ni devant ceux de la juridiction d'appel.

Nous avons pourtant la certitude que le cœur de Camille, avant de naître, a manifesté des ralentissements pendant plus d'une heure, provoquant inévitablement un défaut d'oxygénation de son cerveau. Une césarienne aurait dû être déclenchée plus rapidement qu'en 55 minutes[1] au vu du monitoring pour raccourcir fortement la période où le cerveau était en souffrance.

À l'exception des premiers, les différents experts vont considérer qu'il fallait rechercher d'autres origines à l'atteinte cérébrale de Camille. Et ce au motif que les zones impactées n'étaient pas celles habituellement altérées par une souffrance fœtale aiguë lors de l'accouchement.

Or, nous le savons tous, et les experts médicaux les premiers, la médecine n'est pas une science exacte. Je suis toujours dubitatif – et même suspicieux – lorsque cette même science se veut sûre d'elle dans son analyse, écartant toute

1. Alertée déjà avec retard à 0 h 35 par la sage-femme, l'obstétricienne ne pratiquera l'extraction du bébé qu'à 1 h 30.

forme de doute au nom de certains dogmes. Et je le suis plus encore, lorsqu'il s'agit d'un organe comme le cerveau.

Hélas, les magistrats d'appel dans leur arrêt de février 2017 considéreront qu'il n'existe pas de « présomptions graves, précises et concordantes » permettant d'établir le lien de causalité entre les conditions de sa naissance et les très graves handicaps qui ont depuis ruiné sa vie.

Je n'ai donc pas pu faire condamner la clinique, ni la sage-femme, ni l'obstétricienne, au motif que n'étaient pas réunis tous les critères exigés par les obstétriciens eux-mêmes pour que la souffrance fœtale soit reconnue comme la cause des séquelles chez un nouveau-né.

*

Trop souvent, impuissant et bouleversé par leur détresse, j'écoute des familles qui ont perdu un bébé à la naissance ou dont l'enfant conserve un grave handicap.

Trop souvent, je constate, hélas *a posteriori*, des monitorings mal pris en compte et des rythmes pathologiques qui s'éternisent pour le fœtus au-delà de trente minutes sans qu'aucune décision de pratiquer une césarienne ne soit prise.

Régulièrement, je m'étonne du refus du corps médical de proposer la césarienne au motif que cet acte présenterait un risque de décès pour la maman six fois supérieur à une naissance par voie basse. En effet, cela fait plus de vingt-cinq ans que je dois supporter ce même argument, ce chiffre de 1 à 6 qui étrangement ne varie jamais, ce qui ne manque pas de m'étonner vu les progrès de la médecine réalisés sur cette période.

Il s'agit à mon sens d'un vrai et important débat de société, et si, après réflexion, on constate qu'il y a aujourd'hui beaucoup moins d'accidents lors des césariennes, peut-être pourrons-nous espérer un changement d'attitude de la part des obstétriciens ?

Quoi qu'il en soit, il me semblerait logique et essentiel que la mère dispose en temps réel de toute l'information nécessaire et, ainsi éclairée, puisse choisir elle-même le mode d'accouchement en l'absence de contre-indications médicales.

À mon grand et amer regret, Camille devra grandir sans que je sois parvenu à faire reconnaître son statut de victime. Heureusement, elle est entourée d'un amour et d'une énergie qui permettent de déplacer des montagnes et préservent son sourire.

J'aurais tant aimé apporter ma contribution à son bonheur. En effet, dans les cas de séquelles aussi lourdes, les indemnités financières améliorent sensiblement la situation des victimes et de leurs proches. L'amour ne suffit pas toujours à tout régler au quotidien...

Tout le matériel spécialisé, notamment, est horriblement coûteux ; par exemple un fauteuil électrique a une durée de vie de cinq à six ans, avec un coût moyen de 15 000 euros.

Les aides de la solidarité nationale (la MDPH, la Maison départementale des personnes handicapées, et la sécurité sociale) ne peuvent suffire à faire face à toutes les dépenses nécessaires pour apporter le minimum de confort à ces victimes.

*

Ma colère face à l'injustice faite à Camille a été décuplée le jour où j'ai découvert qu'il existait un groupe d'obstétriciens – que je qualifierai de « bien-pensants » – qui cultivent une littérature « scientifique » dont on doit se demander si le seul objectif n'est pas de protéger les obstétriciens. Notamment au sujet de la souffrance fœtale durant l'accouchement.

L'idée remarquable qui a émergé dès les années 70 a été d'aider et de créer des associations d'obstétriciens et de produire des publications disons « orientées »... Ce n'est pas que du lobbying. Pour certains, cela confine selon moi à de la malhonnêteté intellectuelle ! Le pire est que cette littérature a pignon sur rue sans que grand-monde n'y trouve quelque chose à redire !

Ainsi j'ai vu apparaître, en 2007, une association implantée à Toulouse et baptisée Gynérisq[1]. Un organisme agréé par la Haute Autorité de santé (HAS) et qui dit « avoir pour objectif d'aider les gynécologues obstétriciens du public et du privé à bien connaître les situations à risques, à mieux les gérer, à mettre en place dans le cadre spécifique de leur exercice professionnel les mesures nécessaires à la prévention des accidents ».

1. www.gynerisq.net

Pour moi c'est une évidence, cette association a été créée pour protéger la profession. Pour produire et diffuser une littérature en leur faveur. J'ai dû chercher et réfléchir un moment avant de comprendre leur engagement féroce à se protéger ainsi !

Ce groupe a été créé l'initiative d'un cabinet d'assurance spécialisé dans la responsabilité civile professionnelle des praticiens libéraux dits « du plateau technique lourd », c'est-à-dire les chirurgiens, les obstétriciens, les anesthésistes, etc.

Aujourd'hui, ils font autorité. Certains ne se cachent même plus de leurs liens avec cet assureur ! Dont le discours est assumé : « On est là pour mettre en place une protection des obstétriciens... » Leur message est clair : « Nous sommes les meilleurs pour vous protéger ! »

Pire encore, selon moi, les experts de Gynerisq voudraient venir superviser tous les rapports d'expertise. « Nous, les sachants, nous allons vous dire ce qui est juste ! » Leur but est clairement de faire changer la loi.

Heureusement, grâce à un document qui nous avait été transmis, nous avions pu lire les « propositions de réformes des expertises en responsabilité médicale » que cet organisme agréé par la HAS comptait défendre. Elles concernaient la formation des experts, leur mode de sélection, l'évaluation de la qualité des expertises et la définition des missions de l'expert. Chaque proposition visant bien entendu à élargir les prérogatives et l'accès aux dossiers des organismes agréés. Dont bien entendu Gynérisq.

Une bien curieuse idée qu'ils ont heureusement abandonnée (enfin je l'espère) après le droit de réponse plutôt musclé que nous leur avons fait parvenir fin 2018 et qu'ils ont intégralement publié dans leur revue, le *Journal de Droit de la Santé et de l'Assurance Maladie*. Droit de réponse dans lequel je ne me privais pas de rappeler également les liens financiers entre Gynérisq et le cabinet d'assurance en question.

Nous y avions intégré nos réponses et vives objections à la plupart de leurs propositions. Lesquelles m'avaient en fait été transmises par un médecin expert en gynécologie obstétrique, une sorte de « dissident », suite à ma participation au congrès national des gynécologues, en octobre 2018.

Cet expert, membre d'un syndicat d'obstétriciens, le Collège national des obstétriciens et gynécologues français (CNGOF), m'avait en effet sollicité pour intervenir lors de ce congrès qui se tenait à Strasbourg. C'est l'un des rares à souhaiter favoriser les échanges entre le corps médical et le monde juridique.

Sur place, Gynerisq avait son propre amphithéâtre...

Le moins que l'on puisse dire est que le président de ce syndicat, le docteur Israël Nisand, n'était pas ravi de me voir là... En effet, on peut le qualifier de « pro-pilule » et je suis intervenu à plusieurs reprises sur les graves effets indésirables des pilules contraceptives de 3e et de 4e génération.

Des années après l'affaire Marion Larat[1] et le retrait de la pilule Diane 35, nous en étions encore là…

*

Vous l'aurez compris : dans ce type d'affaires, je me bats quasiment à chaque fois contre des experts qui appartiennent au groupe d'influence qui exclue systématiquement la souffrance fœtale aiguë. Car, et c'est pour moi la raison même de leur existence, ce sont les dossiers qui coûtent le plus cher aux assureurs !

En effet, les victimes qui survivent ont souvent de très lourds handicaps. Les montants d'indemnisation peuvent parfois atteindre 20 à 25 millions d'euros à verser à la victime et aux organismes sociaux. Il faut savoir que la nuitée d'hospitalisation dans ce type de service coûte jusqu'à plusieurs milliers d'euros et qu'un enfant pauci-relationnel exige la présence d'une tierce personne 24 heures sur 24.

Aujourd'hui, les compagnies d'assurances qui assurent les médecins se partagent le marché à trois ou quatre.

La plus puissante est la Mutuelle d'assurance du corps de santé français (MACSF), créée en 1935, qui revendique être la première mutuelle des professionnels de santé (avec un million de sociétaires médicaux et paramédicaux)[2]. Elle a d'ailleurs absorbé le SOU Médical en

1. Chapitre 13 : Marion Larat à l'assaut des pilules de 3e et 4e génération. Ces affaires qui font bouger la société.

2. Existe également la Société hospitalière d'Assurance mutuelle (SHAM) qui est une compagnie publique créée par les hôpitaux

2017 quand les litiges se sont multipliés et que les indemnisations ont fortement augmenté.

Pendant des années, ça a été une branche lucrative, car il y avait relativement peu de sinistres et les professionnels de santé payaient des primes élevées. Mais les contentieux sont en forte augmentation et le secteur vacille...

Force est de constater que les condamnations ont été de plus en plus nombreuses et de plus en plus lourdes puisque le total des indemnisations versées par la Mutuelle en 2018 (51,5 millions d'euros) était en hausse de 24 % par rapport à 2017[1].

Même si le vent semble tourner, les « experts » ne s'avouent pas vaincus ! Pourquoi le feraient-ils puisqu'ils sont tous de « bonne foi » et peuvent s'appuyer sur cette épaisse littérature estampillée par un cabinet d'assurance ?...

Alors on m'oppose régulièrement, et je peux accepter l'idée, la superposition des événements temporels. Un événement durant la grossesse qui crée une souffrance puis un autre événement pendant l'accouchement.

Mais, franchement, je rencontre un peu trop souvent ces « coïncidences temporelles ». Qui servent en fait à diluer les responsabilités et au final à exonérer les praticiens...

Tout cela explique que ce sont souvent les affaires les plus longues ! Vous prenez un dossier quand l'enfant a

---

publics alors que l'Assistance publique-Hôpitaux de Paris (APHP) est son propre assureur.

1. *Les Échos*, 8 octobre 2019.

l'âge d'un ou deux ans et ce jusqu'à ce qu'il ait seize à dix-huit ans, car c'est seulement alors, à la fin de sa croissance, que la situation, l'état de l'enfant, est dit « stabilisé ». Et qu'il est possible d'évaluer l'importance des séquelles et donc les différents postes d'indemnisation.

Ce sont donc des aventures au long cours, lors desquelles je passe par des moments de doute voire de découragement. Des émotions que je dois souvent garder pour moi, car pour la famille de l'enfant, je suis devenu bien plus qu'un avocat. Je suis devenu un repère, une boussole. Si je doute, ils doutent. Si je m'égare, ils sont perdus.

Ces moments d'une incroyable intensité humaine font la difficulté comme la grandeur de notre engagement.

*

À cent mètres d'une clinique...
Romain, une mort subite sur un trottoir

J'ai un défaut, je suis obstiné voire têtu et dans notre domaine, pour être sincère, c'est un défaut indispensable.

Nous devons tellement batailler, parfois au-delà du raisonnable, pour être simplement entendus, pour pouvoir produire nos éléments de preuve devant les juges, pour obtenir justice !

Et ce ne sont pas toujours les experts qui rendent le parcours si long et difficile pour les victimes. Cela peut également être le fait de magistrats, qui – dans le domaine médical – font preuve d'une prudence exacerbée quand il s'agit de mettre en cause un établissement de soins ou un médecin.

Romain F.[1] est un jeune garçon de vingt-trois ans qui est atteint d'une pathologie cardiaque ayant nécessité une intervention sur une valve et la pose d'un stimulateur cardiaque.

Nous sommes le 15 décembre 2011. Il est 17 h 10 et Romain se promène à vélo dans les rues des Pins Francs, un quartier du nord de Bordeaux. Soudain, il chute de vélo, suite à une insuffisance cardiaque qui sera constatée par des témoins présents à cet instant.

Il est aussitôt mis en position latérale de sécurité, respire difficilement et présente des convulsions.

Deux témoins, une femme avec un jeune garçon, se précipitent à l'entrée principale de la clinique des Pins Francs qui se situe à tout juste cent mètres de l'accident.

L'hôtesse d'accueil, Sylvie B.[2], contacte aussitôt la directrice des soins infirmiers de la polyclinique, Céline P.[3], pour savoir quelle attitude adopter. Lors de sa déposition, le 28 août 2012 devant la police judiciaire, elle dira : « Mme P. m'a dit que comme c'était un accident de la circulation, on ne pouvait pas envoyer du monde… »

1. Le prénom et l'initiale du nom ont été modifiés.
2. Le prénom et l'initiale du nom ont été modifiés.
3. Le prénom et l'initiale du nom ont été modifiés.

Entendue à son tour le 14 septembre suivant, la directrice des soins déclarera : « Je n'ai pas appris qu'un jeune homme était inanimé sur la voie publique, j'ai seulement été avisée d'un accident de la circulation [...] On m'a dit que les pompiers avaient été avisés et la standardiste m'a dit que la personne demandait si on pouvait envoyer quelqu'un. J'ai répondu que non. Nous n'avons pas pour mission de nous déplacer en cas d'accident sur la voie publique [...] L'établissement n'a pas de service d'urgences. »

Sauf en cardiologie, mais Céline P. déclarera aux policiers que ce n'est qu'une heure après qu'elle apprendra qu'il s'agissait d'un problème cardiaque. À cet instant, le SAMU est sur place « donc ce n'était plus la peine d'envoyer quelqu'un ».

« L'information de départ a faussé notre jugement, admettra-t-elle. J'ai fait au mieux avec les renseignements que j'avais... »

En attendant, une infirmière sort de l'école avec ses enfants et voit Romain allongé sur le sol. Elle appelle immédiatement le SAMU, avant de commencer un massage cardiaque.

Il faudra donc attendre l'intervention des secours basés à une douzaine de kilomètres, alors que la clinique est si proche. C'est insupportable quand on sait l'importance de chaque minute qui s'écoule pour une victime d'un malaise cardiaque.

Dès 17 h 27, les sapeurs-pompiers du SDIS 33 sont sur les lieux et débutent les opérations de réanimation et de défibrillation. Mais quinze précieuses minutes ont alors été gaspillées. Ils constatent « la mort apparente » de Romain.

L'équipe du SAMU arrive ensuite et poursuit les premiers soins de réanimation dont des électrochocs et diverses injections. Elle constate que le jeune homme est toujours vivant, mais dans le coma et en arrêt respiratoire.

Le SAMU transporte alors Romain qui sera pris en charge ensuite à 19 h 30 aux urgences de l'hôpital cardiologique Haut Lévêque de Bordeaux À cet instant, Romain est toujours considéré comme vivant. En effet, dans son rapport de juillet 2014, le docteur Hélène Benchimol, cardiologue et experte auprès de la cour d'appel de Poitiers, emploiera le terme de « mort subite ressuscitée ».

Malgré l'intervention immédiate du professeur Barandon, malgré la mise en place d'une assistance circulatoire et de nombreuses transfusions, Romain décédera le lendemain vers 13 heures d'une « défaillance circulatoire majeure ».

Il a été clairement établi dans ce rapport d'expert qu'avec un défibrillateur utilisé dans les minutes qui ont suivi l'accident, Romain aurait pu être sauvé.

*

Pour moi qui suis saisi par la mère trois mois plus tard, en mars 2012, c'est un cas évident dans lequel il faut s'orienter *a minima* vers une procédure de « non-assistance à personne en danger ». Je suis bien entendu choqué par la position psychorigide de la direction de l'établissement.

Les premiers jours, courant décembre, la maman ignore l'attitude de la clinique ; pour elle, tout a été mis en œuvre pour sauver son fils.

Et c'est presque par hasard qu'elle va découvrir la vérité. Alors qu'elle se présente à l'accueil de la clinique pour les remercier, une scène surréaliste s'il en est, elle est alertée par l'extrême gêne de la personne présente au guichet à ce moment-là. Elle décide de creuser, de mener une véritable enquête. Et va notamment questionner une des voisines en face de la clinique qui a vu la scène et qui lui raconte tout.

Elle qui pensait que Romain était décédé des suites de ses blessures lors de sa chute, découvre alors l'inimaginable scénario qui a conduit à la mort de son fils. C'est à ce moment qu'elle apprend que la clinique a tout simplement refusé d'intervenir.

Dans un premier temps, le procureur ne va diligenter aucune enquête. Avec la famille, nous décidons en mai 2012 de déposer une plainte contre X pour non-assistance à personne en danger. Celle-ci peut être retenue quand bien même l'intervention de l'individu n'aurait pas forcément modifié l'état de la victime ou sauvé sa vie[1].

1. Seule exception à ce délit : si votre intervention éventuelle avait été susceptible de vous exposer vous-même à un danger. Comme dans le cas d'une voiture en feu ou d'un fort risque de noyade par exemple.

Huit mois après notre dépôt de plainte, en janvier 2013, le procureur va classer notre plainte sans suite. Je suis surpris sans l'être vraiment tant j'avais d'ores et déjà bien « respiré » ce dossier et senti que nous aurions beaucoup de fil à retordre…

Le jour de l'annonce, un homme rattaché au parquet du tribunal de Bordeaux nous reçoit dans une sorte de remise, plus proche d'un grand placard à balais que d'un bureau, un cadre odieux dans ce genre de circonstances.

Visiblement aussi gêné que nous, il nous dit : « Voilà, le parquet a décidé de ne pas poursuivre… mais je ne comprends pas pourquoi… »

Si nous avons été choqués d'être reçus dans des conditions aussi indignes pour une maman qui vient de perdre son fils, l'attitude de cette personne, visiblement très mal à l'aise avec cette décision, ne pouvait que décupler notre volonté de poursuivre.

Trop souvent, en premier réflexe, il y a un classement sans suite. Pour quelles raisons ? Pour soulager la charge de travail du tribunal qui est noyé de plaintes parfois ridicules ? J'avoue que je n'y crois pas trop. Là il s'agit quand même de la mort d'un jeune homme de vingt-trois ans dans des circonstances pour le moins choquantes.

Il ne me restait plus, pour franchir cet obstacle, qu'à déposer une plainte auprès du doyen des juges d'instruction, ce que je fais dès le 23 octobre 2013. Le doyen va ouvrir une instruction qui établira les faits rapidement et la directrice des soins, qui entre-temps avait été mutée, sera condamnée le 16 décembre 2015 à six mois de prison avec un sursis simple pour non-assistance à personne en danger par le tribunal correctionnel de Bordeaux.

Il faut reconnaître que le rapport d'expertise du docteur Benchimol était accablant pour la prévenue : « Ce refus de soins est fautif, car il a privé la victime qui se trouvait en arrêt circulatoire des soins qui auraient peut-être permis d'éviter une issue fatale », écrivait l'experte dans sa conclusion. Après avoir reproché à la directrice des soins de s'être contentée « de l'appréciation de la jeune standardiste n'ayant pas de formation médicale lui permettant de poser les questions pertinentes » et surtout de ne pas s'être rendue auprès de la victime « pour juger de la gravité de la situation ».

Pour la famille F., pour moi leur avocat, ce sera une victoire, certes une toute petite victoire qui ne ramenait pas le jeune garçon à la vie, mais nous donnait la satisfaction de voir enfin la justice passer.

Le tribunal va décider alors d'indemniser les parents de la victime. Mais quelle somme verser ? Comment estimer le prix de la vie d'un jeune homme de vingt-trois ans ? Et celui de la souffrance de parents brutalement privés de leur fils ?

Au titre du préjudice moral de Romain lié à sa « perte de chance de survie », il a été alloué 10 000 euros que sa maman a perçus dans le cadre de l'action successorale. À titre personnel, elle s'est vu allouer 10 000 euros au titre du préjudice moral subi du fait du décès de son fils.

10 000 euros pour la perte si injuste et évitable d'un fils ! Cela paraît si dérisoire…

Dans ce dossier douloureux, on a une maman qui a vu son fils abandonné par le corps médical. Un fils qui a perdu toute chance de survie en pleine rue et à trente secondes à pied d'une clinique moderne et de médecins compétents qui l'auraient probablement sauvé si tout avait été fait avec professionnalisme et un peu plus d'humanité.

Comment supporter l'idée que quelqu'un, depuis un bureau, aveuglé par une position purement dogmatique, ait quasiment décidé de la vie ou de la mort de votre enfant ? Comment accepter que, dans un premier temps, le parquet décide, sans enquête de police, de classer la plainte sans suite ?… À cet instant, le parquet n'a pas fait son travail. Il a été défaillant, je ne crains pas de le dire.

Dans ces conditions si déchirantes pour les proches, au plus fort de la vague, il nous est interdit de baisser les bras. Nous devons persévérer toujours. Penser vite et bien. Dénicher la moindre brèche pour nous engouffrer à nouveau sur le chemin de la vérité des faits.

Dans le domaine bien particulier des accidents médicaux, la quête de justice est un sport de combat !

Chapitre 4

Rendez-vous avec le destin…

Ces vies qui basculent en quelques secondes

« Un destin n'est pas une punition. »
Albert Camus

Certains appellent cela le destin, la fatalité.

D'autres préfèrent évoquer la malchance, un coup du sort.

Quoi qu'il en soit, lorsqu'un vent contraire vous précipite soudain dans le drame, vous n'avez plus que votre impuissance et votre chagrin. Des regrets aussi, mais bien souvent ceux-ci sont de peu de secours.

Parmi les affaires qui m'ont le plus marqué, beaucoup sont nées sous ce sceau d'un noir destin. Et j'en ai vu dans mon bureau des existences qui ont basculé, des familles fracassées par un « accident de la vie » que rien ne laissait présager quelques secondes auparavant…

Ainsi, le drame qui a frappé Michel D.[1], un retraité d'EDF âgé de soixante et un ans, m'est tout d'abord apparu totalement invraisemblable. Au point que j'ai longuement hésité à accepter son dossier.

En effet, un des aspects importants de notre métier est de savoir « trier » les affaires, d'avoir la capacité, parfois en quelques minutes, de faire le bon choix. Je décline la moitié des dossiers que l'on vient me soumettre. Et il m'arrive encore de me tromper, d'y aller à l'affect et de me faire abuser[2].

Nous, avocats, devons être vigilants, car si un client retoqué dépose plainte auprès du bâtonnier[3] nous devons pouvoir justifier notre décision. Je m'interroge beaucoup sur la sincérité et la crédibilité du plaignant, sur la réalité des faits qu'il veut dénoncer. Dans ces moments-là, l'instinct et l'expérience sont déterminants…

Lorsque Michel D. se présente, seul, fin octobre 2000, dans mon bureau pour me raconter qu'il a été contaminé au VIH[4] lors d'une scintigra-

1. Le prénom et l'initiale du nom ont été modifiés.

2. Chapitre 8 : Mes clients et moi. De belles et de moins belles rencontres…

3. Le « bâtonnier de l'ordre » est l'avocat élu pour deux ans par l'assemblée générale des avocats inscrits au barreau institué dans le ressort de chaque tribunal de grande instance pour assurer la présidence du conseil de l'ordre. Il a pour mission de représenter les avocats, assurer la discipline mais aussi promouvoir les activités de l'ordre.

4. Le VIH (ou sa dénomination anglaise, HIV) est le Virus de l'Immunodéficience Humaine. C'est l'agent viral du SIDA.

phie[1] au CHU Bordeaux, je me dis d'abord que j'ai affaire à un homme qui ne veut pas admettre une contamination sexuelle.

Je m'interroge d'autant plus qu'en face de lui se dresse une grosse structure, une institution de la ville, le CHU de Bordeaux ! Je ne crains pas de me frotter à elle, mais je veux m'assurer que je ne m'embarque pas à la légère dans ce qui s'annonce être un violent bras de fer…

Tout commence le 24 janvier 2000. Michel D. souffre depuis 1996 d'une infection chronique de l'os du tibia, un staphylocoque contracté lorsqu'il a été soigné à l'hôpital d'Orthez pour une fracture ouverte survenue lors de sa chute d'un arbre au cours d'un élagage.

Ce jour-là, il se présente dans le service de médecine nucléaire du CHU de Bordeaux pour y passer une scintigraphie.

Les résultats de cet examen sont une bonne nouvelle : le jeune retraité en a fini avec cette infection au long cours.

Pourtant, dix jours plus tard, le 3 février, il est frappé par une forte grippe. Si violente qu'il perd douze kilos en une semaine. Le 6 mars, son médecin traitant l'informe que ses dernières analyses sanguines révèlent qu'il est séropositif[2] et qu'en février, il a fait une primo-

---

1. Lors de cet examen, on prélève le sang du patient afin de séparer les globules rouges et blancs. Les seuls globules blancs sont ensuite réinjectés après avoir été marqués par un élément radioactif. Ce qui permet d'obtenir ensuite des images montrant les concentrations de globules blancs, et donc la présence d'infections éventuelles..

2. Le 16 février, une première sérologie VIH 1 est positive.

infection brutale. Pour lui, et pour son médecin, les dates concordent et ça ne fait pas de doute : il a été contaminé lors de sa scintigraphie ! Comment ? Personne ne le sait, mais il en est persuadé et va se lancer dans une quête effrénée de la vérité.

Il se rapproche d'abord de l'Association d'aide aux victimes d'accidents corporels (AAVAC) de Bordeaux présidée par le docteur Dominique-Michel Courtois. Lui aussi au tout début se montrera sceptique. Puis, sur ses conseils, Michel D. me contacte par courrier le 11 octobre 2000.

Quand il vient me voir peu après au cabinet, il finit par me convaincre. J'ai en face de moi un homme détruit et en pleine dépression[1]. On sent que la quête de la vérité l'obsède.

Il doit subir la suspicion de toute sa famille. Son épouse, qui l'a cru, est restée, mais il a honte de tout. Même d'aller à la pharmacie pour aller chercher les médicaments pour sa trithérapie[2]...

Pourtant il se sait sans reproche et affirme écarter sans l'ombre d'un doute la contamination par voie sexuelle. Il reste très marqué par les premières réactions des médecins bordelais, notamment lors de sa visite au sein du

1. Dans son rapport de juillet 2002, le médecin expert, le docteur Florence Parant-Sicet, évoquera « un syndrome dépressif majeur » doublé d'un « carcan psychologique marqué », une souffrance morale importante, mélange de crainte et de réprobation.

2. Les traitements par trithérapie contre le VIH associent trois types différents d'antiviraux. Pris quotidiennement, ils permettent de maîtriser durablement le virus et de réduire la charge virale.

service de médecine nucléaire dès le 10 mars : « Ils m'ont répondu que ça n'était pas leur affaire », déclare-t-il au correspondant du *Monde* à la mi-juillet 2002[1]. En fait, l'hôpital l'oriente très vite vers son service juridique...

Nous avons décidé d'attaquer et de saisir le tribunal administratif de Bordeaux qui va désigner une experte en juillet 2001. Le CHU aurait pu invoquer le secret médical et m'obliger à aller au pénal, mais eux aussi voulaient comprendre ce qui avait bien pu se passer ce jour-là.

Comme l'expliquera Annie Martin-Feaderne, la cadre du service de médecine nucléaire, l'équipe est « déontologiquement très touchée », et s'interroge toujours sur le maillon de la chaîne opérationnelle qui pourrait être mis en cause[2].

Dans le carnet qu'il tient depuis qu'il va d'hôpital en hôpital pour venir à bout de son staphylocoque, Michel D. a noté « un manque d'organisation » ce matin-là et aussi, selon ses souvenirs, que les infirmières ne disposaient pas de suffisamment d'étiquettes pour pouvoir marquer tous les prélèvements[3]...

L'experte, le docteur Florence Parant-Sicet, va partir sans aucun a priori. Elle commence par chercher qui était présent dans le service ce 24 octobre 2000 en

1. « Un patient a été contaminé par le virus du sida au cours d'un examen au CHU de Bordeaux », *Le Monde*, 19 juillet 2002.

2. « Sida : un homme infecté par le virus lors d'un examen hospitalier », *L'Humanité*, 23 juillet 2002.

3. *Le Monde*, 19 juillet 2002 et *L'Humanité*, 23 juillet 2002, *op. cit.*

même temps que Michel D. Elle identifie M. Dupont[1] qui était là à la même heure ce lundi et également pour des prélèvements sanguins. Elle suggère que M. Dupont soit testé et on découvre qu'il est bel et bien séropositif et surtout qu'il l'ignorait.

Reste à savoir qui a contaminé qui et surtout comment ?

Bien sûr, les experts s'en mêlent. Interrogé par Éric Giacometti du *Parisien*, le docteur Courtois révèle en juillet 2002 que « l'un des experts de l'assurance a même insinué que ce père de famille avait eu des relations sexuelles dans la chambre d'hôpital avec l'autre malade, en chaise roulante, et qu'il aurait pu attraper le sida à ce moment[2] ».

Visiblement, cette histoire invraisemblable fait s'échauffer les esprits…

En vérifiant le génotype[3] du virus, deux experts, médecins au CHU de Bordeaux, les professeurs Pellegrin et Fleury, découvrent qu'il s'agit du même virus chez les deux hommes. Mieux, ils parviennent à dater l'ancienneté des deux contaminations et à établir que M. Dupont a été contaminé avant Michel D.

Mais la question reste entière à cet instant : comment le virus est-il passé de l'un à l'autre ?

Le docteur Parant-Sicet, grâce à la bonne collaboration de l'hôpital, se lance alors dans une enquête digne d'un détective.

1. Pseudonyme destiné à protéger son anonymat.
2. « Contaminé par le Sida à l'hôpital », *Le Parisien*, 18 juillet 2002.
3. L'ensemble des gènes.

Le 9 juillet 2002, l'experte se rend avec le professeur Pellegrin au sein du service de médecine nucléaire du CHU, accompagnée du docteur Courtois. Ils écoutent les explications du chef de service, le docteur Basse-Cathalinat puis de la surveillante Mme Couralet sur l'ensemble du protocole appliqué lors des scintigraphies. À la lumière de ces nouveaux éléments, elle identifie alors « les moments où une fausse manipulation a pu être réalisée amenant à la contamination de M. Michel D. [1] ». En effet, elle va découvrir que ce jour-là dans le service on a utilisé pour marquer les tubes de sang des patients une bande adhésive plus longue que le diamètre du tube. Du coup, en se superposant, la bande recouvrait une partie du nom du patient.

Et c'est là où le coup du sort révèle son ampleur et sa cruauté. Ainsi tronqués, les patronymes de MM. Dupont et Michel D. étaient quasi identiques.

D'où la confusion entre les prélèvements des deux patients.

D'où ce fait tragique : on a réinjecté le sang de M. Dupont séropositif à Michel D. qui ne l'était pas !

L'hôpital sera finalement condamné le 14 décembre 2004 devant le tribunal administratif pour « non-respect de l'engagement contractuel entre l'hôpital et le patient » à verser 305 000 euros au plaignant[2]. Plus précisément le

---

1. Comme elle l'écrit en conclusion de son rapport d'expertise rendu le 3 juillet 2002.

2. Auxquels s'ajoutent 25 000 euros pour son épouse et 10 000 euros pour chacun de ses trois enfants.

tribunal admet que « la contamination qui résulte d'une fausse manipulation engage la responsabilité du CHU de Bordeaux ».

Suite à ce drame, le « processus opérationnel a été renforcé » au sein du service bordelais. Une bien maigre consolation pour Michel D., qui réside désormais à Andernos, près du bassin d'Arcachon, avec son épouse et reste avec ses rêves brisés.

Surtout, il doit vivre avec sa séropositivité, sa maladie incurable, les effets secondaires de sa trithérapie. Et la honte qui va avec…

*

L'interne parlait à peine le français
La mort sur un plateau

Une autre affaire d'erreur de manipulation aux conséquences tragiques (et intervenant aussi en milieu hospitalier) m'avait littéralement fendu le cœur.

Un petit garçon, Steeve B.[1], âgé de presque deux ans, était atteint d'une leucémie aiguë et suivait, au CHU de Rennes, une chimiothérapie lourde notamment à base de Vincristine, administrée en intraveineuse.

Le 23 juillet 2002, pour sa seconde injection hebdomadaire, c'est une interne vietnamienne, le docteur H. T., qui se présente dans le service d'oncologie

1. Le prénom et l'initiale du nom ont été modifiés.

pédiatrique pour réaliser les gestes. Elle parle à peine le français. Sur son plateau métallique, les deux pochettes contenant les différents produits de chimiothérapie. L'Aspariginase à injecter dans la moelle épinière et la Vincristine d'une très grande toxicité neurologique à administrer absolument par intraveineuse. Ayant ouvert simultanément les deux pochettes, la jeune interne va confondre deux seringues (pourtant de couleurs différentes) et injecter la Vincristine dans la moelle épinière du petit Steeve. L'erreur fatale qui va causer son décès en quelques jours.

Une infirmière présente aux côtés de l'interne prend conscience de la méprise. Le chef de service est aussitôt alerté et pratique une ponction lombaire afin de retirer le maximum de produit.

Deux jours plus tard, le 25 juillet, l'état de Steeve se dégrade et il doit être transféré en réanimation. Il a des troubles neurologiques majeurs, une paralysie et des difficultés respiratoires. Le petit garçon doit être intubé et ventilé. Il passera ensuite quatre jours dans le coma.

Il décédera le 17 septembre, après un mois et demi de cauchemar.

Ce qui ajoute au drame affreux de cette famille, c'est que le petit garçon réagissait très bien au traitement et qu'une rémission totale de sa maladie à trois ans était envisageable à 95 %.

Comment peut-on affecter une interne étrangère non bilingue dans un service aussi sensible que l'oncologie ?

Je n'ai, ni la famille, jamais compris que cela soit possible sur un simple plan administratif.

Avec la famille, nous portons plainte contre X pour « homicide involontaire » auprès du procureur. Quant à l'interne, elle sera discrètement renvoyée au Vietnam par l'hôpital pour éviter le scandale… et sera donc jugée par défaut, c'est-à-dire en son absence après avoir refusé de comparaître.

Le 7 décembre 2009, elle est condamnée à un an de prison avec sursis pour « homicide involontaire par imprudence et négligence » par le tribunal correctionnel de Rennes.

Afin d'obtenir l'indemnisation au titre des « préjudices d'accompagnement et d'affection » des membres de la famille B., nous nous retournons contre l'hôpital devant le tribunal administratif de Rennes. Le CHU de Rennes, qui ne conteste pas le principe de sa responsabilité, est condamné le 28 juin 2012 au titre d'une faute exclusive à l'origine du décès de Steeve à verser une somme globale de 80 000 euros. Notre demande au titre de la « perte de chance de survivre » subie par le petit garçon est, elle, rejetée.

Peu satisfaits, nous allons saisir la cour administrative d'appel de Nantes où les condamnations sont confirmées et légèrement augmentées notamment d'une indemnisation des souffrances physiques et psychiques de Steeve (10 000 euros). Ce qui une nouvelle fois peut paraître bien dérisoire au regard des faits si cruels…

Comme dans le cas de la contamination au VIH de Michel D., le drame amènera une vraie prise de conscience de l'existence d'une zone de risque. Ainsi les procédures de soins ont depuis lors été modifiées au niveau national et international, notamment par l'exigence absolue de ne pas procéder aux (différentes) injections le même jour.

Aimer la vie à en mourir... Ou le préjudice de vie abrégée

Nous sommes le vendredi 27 septembre 2013 et Raymond B. est un homme heureux. Dans ce bois de chênes, au cœur des Landes sur la commune d'Auriac, ce retraité du monde agricole de soixante-quinze ans, svelte et dynamique, se livre à sa passion, la chasse à la palombe.

Avec l'un de ses amis, Alain L., il prépare avec enthousiasme la saison qui débute quelques jours plus tard. Plus précisément, les deux hommes réparent sa palombière[1] et élaguent des branches qui pourraient gêner leur vision à l'approche des vols de palombes ainsi que la pose des appeaux, des palombes apprivoisées qui volent attachées à un fil et attirent vers le sol les palombes en survol.

C'est à cet instant précis que le destin va frapper, en une seconde, et transformer ce moment de bonheur et

1. Pour pratiquer la chasse à la palombe, la plus grande des espèces de pigeons européens, les chasseurs s'installent dans une palombière, une cabane en bois qui possède un poste de guet surélevé.

de camaraderie en un drame absolu. Alors que Raymond B. maintient l'échelle de son ami qui élague à la tronçonneuse, une grosse branche chute de tout en haut et s'écrase sur son dos. Le choc est très violent et les dégâts considérables ! Deux vertèbres cervicales, les C4 et C5, sont fracturées. Les conséquences sont dramatiques : il se retrouve tétraplégique et dépendant respiratoire. En effet, les muscles de sa cage thoracique ne fonctionnent plus et il ne pourra plus respirer sans machine.

Transporté au CHU Bordeaux, il est aussitôt placé en réanimation. Bien entouré par sa femme et sa fille, une famille soudée et très présente, le voilà dépendant à 100 %. Il ne peut même pas bouger les doigts. Il ne peut parler que si on suspend son assistance respiratoire puisqu'il est intubé.

Dès le 11 octobre, sa famille me contacte pour obtenir réparation et engager une action contre l'assureur de la responsabilité civile de l'ami.

Pour un homme aussi actif que Raymond B., la perspective de n'être plus que ce corps emprisonné est absolument insupportable.

Après six mois passés dans le service de réanimation au CHU, il va décider qu'il ne veut pas de cette vie au rabais et demande aux médecins d'arrêter la machine.

La veille du jour qu'il a choisi, début avril 2014, son épouse me prévient et je me rends à l'hôpital Pellegrin. Une fois retiré son embout d'intubation, il m'explique son choix et je suis frappé par sa sérénité, par son regard déterminé. Il me confie que sa décision est définitive.

Pour avoir beaucoup discuté avec ses médecins, il sait que dans les cas d'atteintes de la moelle épinière, il y a des progrès significatifs pendant six mois, que certaines connexions se refont, mais qu'après…

Il m'a parlé avec un réel soulagement et la puissance de son acceptation m'a vraiment bouleversé.

À la lumière de ce que les médecins, qui sont formés à prédire le pire aux patients et peuvent parfois être d'une violence inouïe, lui avaient expliqué, il avait tout simplement choisi entre un éventuel suicide une fois retourné chez lui et une fin de vie encadrée au sein de l'hôpital.

C'est une décision qu'il a prise après avoir longuement échangé avec le personnel de l'hôpital, mais aussi avec sa famille.

Je dois avouer que l'attitude du corps médical m'est apparue un peu excessive. Ils lui ont probablement peint un tableau d'une noirceur insoutenable. Il faut être un surhomme pour résister à tout ça et se dire que ce destin est enviable.

Le corps médical dresse souvent un tableau trop sombre sans envisager tous les moyens que l'on peut mettre en œuvre pour organiser et faciliter la vie d'après dès lors qu'il y a intervention d'un tiers payeur responsable. Bénéficient-ils réellement d'une formation pour décrire quel sera le futur du patient ?

Ce n'est pas parce que vous ne pouvez plus respirer seul qu'il ne peut pas y avoir du soleil autour de vous. Que votre vie au milieu de vos proches ne vaut pas la peine d'être vécue ! Franchement, j'ai vu des personnes gravement meurtries qui ont trouvé le bonheur dans leur nouvelle vie, une forme de bonheur très différente certes, mais ils y ont puisé de fortes raisons de vivre !

Or Raymond B. avait conservé toutes ses capacités intellectuelles et selon moi toute une existence était possible. Même si je ne sous-estime pas l'horreur de sa situation, l'assistance respiratoire qui fait courir un risque d'infection pulmonaire au quotidien et une dépendance de 24 heures sur 24.

Ce que je regrette, c'est qu'on ne lui ait pas laissé percevoir cette lumière. Pouvait-il réellement faire ce choix en conscience alors qu'il venait de passer six mois en réanimation ? Ce qui lui avait donné une vision paroxystique de ce que pourrait être son futur…

Est-il juste et raisonnable de la part des médecins de ne pas dissuader un patient de « décrocher » dans une période aussi difficile alors qu'il est en position de quasi-soumission ?

Les médecins du service réanimation ont fixé le jour et l'heure avec lui et ils l'ont endormi progressivement[1]. Ils ont ainsi utilisé le flou artistique de la loi Leonetti d'avril 2005 sur l'euthanasie.

1. Dans l'avis de décès publié dans le quotidien *Sud-Ouest* le 5 avril 2014, la famille B. « remerciera tout particulièrement l'équipe soignante du service de réanimation de l'hôpital Pellegrin de Bordeaux pour son entier dévouement ».

En effet, si l'euthanasie demeure interdite en France, la loi Leonetti[1] a instauré un droit au « laisser mourir », qui favorise les soins palliatifs. Ainsi les médecins peuvent administrer un traitement antidouleur afin de soulager la souffrance, avec pour « effet secondaire d'abréger la vie » d'un malade s'il est en « phase avancée ou terminale d'une affection grave et incurable ».

Je respecte bien évidemment cette décision courageuse, mais je nourris des regrets de ne pas avoir eu plus de temps pour permettre à Raymond B. de faire son choix en étant parfaitement éclairé. Je doute que le corps médical ait évoqué tous les moyens que nous aurions pu mettre à sa disposition. Même si j'ai bien conscience que tous ces aménagements ne compenseront jamais une vie brisée nette, cet enfermement à perpétuité avec soi-même et la privation de presque toutes ses libertés.

*

Pour Groupama, c'était un dossier très lourd. Un des amis de Raymond B. qui en était sociétaire avait assisté à une réunion de travail et nous avait dit que plusieurs millions d'euros avaient été provisionnés. Dans le même temps, ils avaient commencé à développer l'argument selon lequel « il participait à une activité dont il ne

1. La loi du 2 février 2016 (dite « loi Claeys-Leonetti ») va instaurer de nouveaux droits en faveur des personnes malades et des personnes en fin de vie. Elle apporte de nombreuses précisions relatives au cadre juridique applicable à l'euthanasie et à la fin de vie.

pouvait ignorer les risques ». En clair, l'assureur tentait de contester l'entière prise en charge des dommages car il estimait que Raymond B. avait pris une partie du risque en participant à cet élagage. Notamment en n'écoutant pas son ami Alain qui lui demandait de s'éloigner du bas de l'échelle, avertissement qu'il a pu ne pas entendre avec le bruit du moteur de la tronçonneuse.

Une ligne de défense tellement classique qui continue de me choquer des années après à chaque fois que j'y suis à nouveau confronté !

Il peut même y avoir, chez certains assureurs, des pratiques que je qualifierai de détestables. Rarement, mais ça existe, ne soyons pas naïfs. Quand ils apprennent, par exemple, par leur médecin-conseil qui a accès à tout le dossier médical, la fragilité extrême de la victime et son possible décès, ils vont avoir tendance à ralentir la procédure… Ils vont freiner le mécanisme d'indemnisation en espérant, il faut avoir le courage de le dire, que la victime décède avant la liquidation du dossier.

La première fois où j'ai été confronté à ce genre de pratiques, c'était au sujet d'un homme de moins de quarante ans de la région bordelaise qui avait été renversé par une voiture. Il était lui aussi devenu tétraplégique et sous assistance respiratoire. L'assureur connaissait l'état antérieur de la victime qui avait tenté de se suicider à plusieurs reprises. Rien dans ce dossier ne permettait à l'assureur de prouver un acte volontaire lors de cet accident.

Pourtant ils ont refusé de transiger à l'amiable, nous obligeant, pour faire valoir nos droits, à saisir la justice.

Nous avons alors obtenu gain de cause en première instance, et bien entendu l'assureur a fait appel. Mon client est malheureusement décédé des suites de ses séquelles avant la décision de la cour d'appel. Et l'indemnisation a été divisée par vingt !

Tout au long de ma carrière, j'ai rarement été aussi écœuré que par les manœuvres de cet assureur de premier plan.

Les ayants droit de Raymond B., son épouse Séverine et sa fille Marianne[1], seront finalement indemnisés à hauteur de 80 % seulement, car la cour d'appel de Pau estimera le 7 mai 2019 qu'il avait « commis une imprudence en s'exposant à un danger » et en partie contribué à son « dommage » par sa position sous l'échelle... Ce qui constitue une amélioration notable de la décision du tribunal de Pau qui avait, pour les mêmes raisons, réduit cette indemnisation à 50 % !

Pour la reconnaissance du « préjudice d'angoisse de se voir mourir »...

L'un de mes principaux combats est de faire reconnaître le préjudice de vie abrégée, à savoir obtenir l'indemnisation des années de vie perdues de la victime.

1. Les prénoms ont été modifiés.

Après pratiquement dix années d'échec de plaidoirie en plaidoirie, ce fut une réelle satisfaction de voir enfin reconnaître également le préjudice d'angoisse de se voir mourir.

Ce préjudice, je l'ai obtenu pour la première fois en 2007 pour une jeune fille, Nina M. [1], décédée le 15 janvier 1999, à l'âge de dix-neuf ans, des suites d'un mélanome invasif mal diagnostiqué un an et demi plus tôt. En mai 1997, la jeune fille avait vu apparaître une petite lésion pigmentée sur la face antérieure de sa cuisse droite. Un premier médecin émettra en août 1997, un diagnostic rassurant, estimant avoir à faire à un nævus de Spitz qui lui sera retiré. Mais, sept mois plus tard, l'apparition d'adénopathies inguinales[2] laisse suspecter des métastases ganglionnaires.

Une experte en cancérologie, le docteur Olivia Bally, va alors effectuer une relecture des prélèvements initiaux et porter le diagnostic d'un mélanome invasif de niveau 4. Soit le plus grave et le risque certain d'une situation presque hors de contrôle. En mai 1998, apparaissaient des métastases osseuses puis pulmonaires. Malgré une puissante chimiothérapie, Nina était placée en soins palliatifs en octobre et décédait trois mois plus tard.

L'existence de Nina avait donc basculé insidieusement suite à une erreur de diagnostic médical qui avait de toute évidence réduit son espérance de vie. Et ce même expert désigné par le tribunal de grande instance d'Agen,

1. Le prénom et l'initiale du nom ont été modifiés.

2. Une adénopathie est une augmentation, douloureuse ou non, de la taille d'un ganglion qui devient dur et, parfois, enflammé.

en août 2000, concluait son rapport en écrivant, au vu de la gravité extrême de ce « mélanome particulièrement agressif » : « la perte de chance liée à l'erreur de diagnostic initial de la tumeur cutanée peut être considérée comme minime ».

Reste que Nina a su de son vivant qu'une grave erreur médicale avait été commise et qu'elle allait en mourir plus vite qu'elle n'aurait dû.

Je devrai aller en référé pour obtenir cette expertise du professeur Jean-Jacques Voigt, rendue en août 2000. Laquelle précisera bien que « l'absence de surveillance (consécutive au premier diagnostic erroné) a conduit au retard de diagnostic des métastases ganglionnaires inguinales ». Puis me battre sans succès devant les tribunaux, en première instance comme en appel, pour faire reconnaître que « l'indemnisation de la souffrance morale de se voir mourir » était un droit de la victime qui devait entrer dans son patrimoine pour être transmis à ses ayants droit.

Nous irons alors jusqu'en cassation (ce qui n'est pas banal tant la procédure est longue et coûteuse) et remporterons une grande victoire : à la demande de la cour de cassation, la cour d'appel de Bordeaux admettra ce préjudice.

Quelle satisfaction d'avoir ainsi pu faire évoluer la jurisprudence sur un point aussi crucial.

Le droit est une matière vivante que nous devons, nous avocats, contribuer à faire évoluer sans cesse afin d'obtenir une plus juste indemnisation pour toutes les victimes.

Chapitre 5

Quand le système déraille

La révoltante... chronique d'un drame annoncé

La colère est mauvaise conseillère, certes, mais il est des jours où elle m'envahit sans que je ne parvienne à la repousser. Au moins pendant quelques heures... Ce sont ces jours d'effarement et de révolte qui me voient désespérer de notre système hospitalier. Si performant d'un côté et si dysfonctionnel de l'autre.

Le dossier du décès de Vanessa C. [1], qui sera suivi par mon associé Philippe Courtois, est particulièrement révoltant tant il est dû à une succession de négligences et de manques de vigilance de la part d'employeurs hospitaliers comme de confrères médecins.

Comment accepter qu'une maman venue à la maternité pour ce qui devait être le plus beau jour de son existence ne survive pas à son accouchement ? Qu'elle perde la vie en la donnant pour avoir simplement croisé le chemin d'une personne inapte à exercer son métier ?

1. Le prénom et l'initiale du nom ont été modifiés.

Cette personne est une médecin anesthésiste de nationalité belge, le docteur Inge V.[1], qui exerçait à la clinique Labat à Orthez[2] depuis quelques jours et traînait derrière elle un lourd passé d'addiction à l'alcool. Dès le printemps 2010, elle était admise à sa demande dans une clinique près de Louvain en Belgique pour effectuer une cure de désintoxication. En raison de plusieurs rechutes, elle présentait le 2 mai 2011 sa démission à l'hôpital Joseph Bracops à Bruxelles[3] qui l'employait depuis 1999, une façon en fait d'anticiper son renvoi. Après plusieurs hospitalisations, mais sans cesser sa consommation d'alcool, elle reprenait début décembre 2012 un poste d'anesthésiste au CHR de Haute Senne à trente kilomètres de là. De nouveaux incidents, notamment un soir de garde lors d'une césarienne déjà, amèneront la rupture de son contrat pour faute grave début 2013 !

Nouveau recrutement à l'été 2013, mais cette fois en connaissance de cause, par l'hôpital Saint-Vith qui impose au docteur V. un encadrement et un suivi spécifiques avec des contrôles éthylotests inopinés. Ayant commencé son activité le 7 novembre 2013, elle sera remerciée le 19 février 2014 après un nouvel incident : appelée pour la pause d'une péridurale alors qu'elle est d'astreinte, elle se présente à l'hôpital en état d'ébriété.

1. Le prénom et l'initiale du nom ont été modifiés.
2. L'hôpital d'Orthez loue à la clinique Labat les locaux de sa maternité.
3. Établissement où exerçait son père gynécologue.

Trois hôpitaux et trois renvois entre 2011 et 2014 et ce pour la même raison ! Aussi incroyable que cela paraisse, aucun signalement n'est jamais fait à l'ordre des médecins belge !

Rien, aucune alerte, aucune précaution concrète n'est entreprise. Rien qui puisse empêcher un recruteur de prendre en compte sa candidature lorsque, à l'été 2014, la clinique Labat à Orthez doit faire face à une pénurie d'anesthésistes. Le recruteur avait alors pris contact avec un cabinet de recrutement à Anvers qui lui propose la candidature du docteur V. Contactée, l'anesthésiste qui souhaite travailler en France accepte le poste. Tout en sachant pertinemment que son problème d'alcool est loin d'être résolu...

Pourquoi garde-t-on dans le circuit et ne soigne-t-on pas ce type de personnes ? Dans ce dossier, j'ai autant de colère à l'encontre des différents hôpitaux où elle a sévi que contre le médecin elle-même.

Quand cela atteint ce degré d'addiction, on ne peut pas ne pas le voir. Impossible de l'ignorer au bout de quelques jours [1]. Il faut le dire haut et fort, les hôpitaux courent ce type de risque.

Alors souvent, comme l'ont fait les hôpitaux belges dans cette affaire, on se débarrasse du problème en licenciant la brebis galeuse et ensuite advienne que pourra ! C'est juste honteux.

1. Lors de l'instruction, des médecins, des infirmières et des patients déclareront avoir remarqué qu'elle sentait l'alcool et qu'elle semblait perdue par moments. Sans pour autant que ces observations remontent rapidement jusqu'à la direction de la clinique.

Le recruteur va bien entendu déclarer avoir demandé au cabinet belge d'effectuer quelques vérifications sur le passé du docteur V. Ce que le cabinet dira avoir fait en contactant deux de ses anciens employeurs dont l'hôpital Bracops. Où il leur aurait été répondu qu'il n'y avait rien à signaler au sujet de cette praticienne.

Problème, aucune de ces deux structures ne se souviendra avoir été questionnée. Alors qui se défausse ? Les anciens employeurs ou le cabinet anversois ? Impossible à déterminer, mais l'impensable va se produire : indésirable en Belgique, l'anesthésiste va pouvoir venir exercer en France !

Un jour, j'ai rencontré à Paris un expert chirurgien qui était absolument écœuré. Il m'a raconté qu'une fois il avait remarqué l'attitude étrange d'un médecin qui venait d'être recruté dans son service. Il avait constaté qu'elle n'avait pas les compétences du praticien qu'elle prétendait être, même pour les gestes les plus simples. Il apprend qu'elle vient d'un pays lointain et va voir sa DRH pour lui dire qu'il a « comme un doute sur sa compétence » : « Pour moi elle est dangereuse pour l'hôpital ! » Vérifications faites, et convaincu d'une falsification de diplôme, l'hôpital va décider de la licencier. Quatre mois plus tard, quel ne fut pas son étonnement de croiser ce même personnage dans les couloirs d'un autre hôpital parisien. Elle avait aussitôt été réembauchée ailleurs.

Ce manque de sens des responsabilités, cette légèreté même me sidèrent ! Il y a parfois une désinvolture que je juge détestable dans ce monde bien plus opaque encore qu'il n'y paraît.

Lors de ses auditions, le docteur V. confirma qu'elle était incapable de partir au bloc sans avoir consommé de l'alcool. Et aussi qu'au fil de la journée, elle buvait dans de petites bouteilles de 50 cl qui contenaient moitié de vodka et la moitié d'eau. Lors de la perquisition à son domicile, on retrouva une quinzaine de bouteilles vides de vodka. Ainsi que ses fameuses bouteilles de 50 cl, dans son bureau, dans son sac à main, dans son véhicule, etc.

C'est la destinée, une fois de plus, qui tracera le chemin entre le docteur V. et Vanessa C. Lorsque trois anesthésistes – qui d'ailleurs étaient étrangers eux aussi – quittent en même temps la clinique Labat, un recruteur spécialisé est chargé de dénicher au plus vite deux anesthésistes.

Quand on regarde les budgets qui étaient mis à disposition pour l'embauche de ces praticiens, on voit que ce n'est pas un problème d'argent. Ce qui manque selon moi ce sont des médecins compétents qui acceptent d'aller exercer dans des petites villes comme Orthez.

Ensuite tout va se passer très vite. Embauchée au 15 septembre 2014, l'anesthésiste dépose un dossier incomplet au conseil départemental des Pyrénées-Atlantiques de l'ordre des médecins. Deux pièces concernant son diplôme de généraliste (et pas de spécialité en anesthésie) étaient manquantes, mais le conseil national de l'ordre conseillera au conseil départemental d'inscrire le docteur V. « devant le défaut d'anesthésistes ». Elle n'obtiendra donc qu'une inscription provisoire d'une durée de trois semaines.

Il ne faudra attendre que onze jours pour que le drame se noue.

Le vendredi 26 septembre, elle sera lourdement impliquée dans une séquence dramatique qui aboutira au décès de Vanessa C. le lundi qui suit… et à sa mise en examen pour « homicide involontaire ».

Le plus terrible est que deux incidents alarmants intervenus les jours précédents auraient dû, dans un monde de nécessaire vigilance, aboutir entre-temps à sa mise à pied immédiate.

Le lundi 22 septembre 2014, alors qu'elle est d'astreinte, elle est appelée par une infirmière pour un patient pris de tremblements. Elle refuse par deux fois de se déplacer, mais face à l'insistance de l'infirmière (qui la menace de consigner son refus par écrit), l'anesthésiste finit par venir à la clinique. Les deux infirmières voient arriver une médecin hésitante et perdue dont les prescriptions les surprennent tant et si bien qu'elles décident de solliciter le docteur Garola. Celui-ci prend les choses en main et rassemble les infirmières pour faire le point dans un bureau. Sur un écran de contrôle, ils observent Inge V. entrer dans la chambre du patient en titubant, renversant table de nuit et carafe d'eau.

Le lendemain, le docteur Garola reproche son attitude au docteur V. et lui dit qu'il ne veut plus qu'elle s'occupe d'un seul de ses patients. Il l'avertit aussi qu'il va aviser la direction de la clinique afin que cette collaboration cesse. Signalement qui restera dans un premier temps sans conséquence...

Mais la clinique peut-elle se permettre de perdre du jour au lendemain un de ses deux anesthésistes et refuser des interventions en envoyant des patients vers le centre hospitalier de Pau ? On peut se demander si des impératifs économiques n'interviennent pas alors dans le pire des choix !

Le mercredi 24 septembre, malgré une douzaine d'appels entre 22 heures et 0 heure 20, auxquels elle ne répond pas alors qu'elle est d'astreinte, le docteur V. ne se déplace pas. On doit appeler le deuxième anesthésiste, le docteur Jean-Claude Adam.

Et pour cause, nous sommes en fin de soirée et le docteur V. a reconnu qu'elle buvait plus le soir que la journée.

Dès le lendemain, la secrétaire de direction de la clinique rédige une « fiche d'événement indésirable », le manquement de la veille pouvait être considéré comme une faute grave. C'est cette faute gravc qui sera le motif de son licenciement, en fait l'interruption de sa période d'essai. Une rupture en rapport avec les manquements du 24 septembre qui ne lui sera spécifiée par lettre recommandée qu'en date du lundi 29[1]. La logique et la prudence auraient voulu qu'elle soit immédiatement

1. Courrier dans lequel il ne sera fait aucune allusion aux nouveaux manquements constatés dans la soirée du vendredi 26.

suspendue. Mais une mise à pied dès le jeudi 25 serait problématique, car le week-end approche et le deuxième anesthésiste était absent pour raisons personnelles.

*

Ainsi, toute licenciée en sursis qu'elle soit, désormais considérée par ses collègues de travail comme inapte à exercer ses fonctions dans les règles de l'art, le docteur V. sera d'astreinte le vendredi 26 au soir. Et ce pour le plus grand malheur de la jeune future maman, Vanessa C.

Le docteur V. revient à l'hôpital en début de soirée. Il est 21 h 30 lorsqu'elle intervient. Vanessa C., qui est de nationalité anglaise, voulait accoucher par voies basses et avec le minimum de produits possible. Mais l'accouchement promettait de durer des heures et, dans l'après-midi, Mme C. avait fini par accepter une péridurale.

Installée par le docteur V. dans l'après-midi, cette péridurale n'aura pas l'effet bilatéral escompté.

À la fin de son service, en fin de journée, elle rentre à son domicile et sera ensuite d'astreinte.

En l'absence d'avancement du travail et au vu d'un rythme cardiaque inquiétant du fœtus, la sage-femme déclenche le code orange qui implique de pratiquer la césarienne dans un délai raisonnable sous anesthésie générale.

On rappelle donc l'anesthésiste qui est à un concert de musique classique, mais répond et vient aussitôt. Quelqu'un la verra cependant, depuis une fenêtre des étages, éprouver les pires difficultés pour se garer et ensuite rester plusieurs minutes à bord de sa voiture.

Le chirurgien de service pratique la césarienne et extrait le bébé. Au moment de suturer, arrivent les premiers signes de réveil de la patiente. Vanessa C. arrache soudain son bras gauche de la fixation velcro qui le retenait et porte sa main vers son ventre avec un faciès qui sera déclaré « douloureux » par une des infirmières. Puis elle attrape la sonde avec laquelle elle a été intubée par le docteur V. et l'arrache également. Et pour cause, l'anesthésiste a passé le tube par l'œsophage au lieu d'emprunter les voies respiratoires. La patiente régurgite et vomit. Mme C. qui n'est plus qu'à moitié endormie dit d'une voix à peine perceptible et en anglais : « J'ai mal, j'ai mal… »

C'est la panique dans le bloc, car le chirurgien voit bien que sa patiente n'est plus anesthésiée. Le docteur V. recommence son geste, mais repasse une nouvelle fois par l'œsophage. La situation empire et on se dirige vers un arrêt cardiaque.

À ce moment-là, le docteur V. veut mettre la patiente sous oxygène, installe le ballon, mais oublie de le connecter aux tubes d'oxygène. De toute évidence, le docteur V. est dépassée par la situation et c'est l'obstétricien qui doit se substituer à elle et réaliser le massage cardiaque.

C'est maintenant le branle-bas de combat autour de Vanessa C.. Le chirurgien sent que le docteur V. n'est pas dans son état normal et tout cela dure un temps fou, près de quarante-cinq minutes ! Même la sonde d'intubation a été mal connectée à la machine !

À ce moment-là, le chirurgien prend deux décisions. Il fait venir l'infirmière anesthésiste qui retire la sonde qui a été remise dans l'œsophage et va placer correctement le masque à oxygène. Puis, comme un ultime recours un peu surréaliste, il appelle les urgences de l'hôpital.

Quand l'urgentiste du SMUR va arriver au bloc opératoire, elle va déclarer : « Je découvre une scène de guerre » ! Le docteur V. toujours aussi confuse va même refuser le diagnostic d'arrêt cardiaque.

Plutôt que d'aller affronter la souffrance du conjoint de Vanessa, l'anesthésiste va refuser d'accompagner le chirurgien qui se retrouve alors seul à lui expliquer la gravité de la situation.

L'anesthésiste a préféré sortir fumer une cigarette et va prétendre ne pas se souvenir du code de la porte pour rentrer dans le service.

La médecin urgentiste se souvient encore « des hurlements du papa, comparables à ceux d'une bête meurtrie ».

Ce soir-là, l'infirmier du SMUR dira en sortant du bloc visiblement sous le choc : « L'anesthésiste vient de tuer cette patiente… »

Le mardi 30 septembre, les parents de Vanessa et son époux acceptent qu'on débranche les machines et le décès est constaté à 16 h 45. Désespérante ironie du sort, Mme C. militait en Angleterre au sein de l'association « The White Ribbon Alliance » qui lutte contre la mortalité en couche des femmes dans les pays en voie de développement.

La mise en examen du docteur V. pour « homicide involontaire » sera très rapide puisqu'une enquête préliminaire avait débuté la veille de la mort. Elle sera mise en détention provisoire dès le jeudi 2 octobre, et y restera jusqu'au 3 décembre.

Tout est triste et désespérant dans ce dossier, car on ne peut pas non plus ne pas prendre en considération les souffrances psychologiques, et depuis une décennie, de cette femme alcoolique. Quand vous pensez que lorsqu'elle est arrivée pour sa première audition devant les gendarmes, l'éthylotest a révélé qu'elle avait 1,19 gramme d'alcool/litre de sang[1]. Soit cinq fois le seuil autorisé de 0,25 !

Nous voulions envisager de poursuivre l'hôpital, la clinique et l'obstétricien pour « non-assistance à personne en danger », mais l'instruction en a décidé autrement. Il est vrai que les rapports d'expertise sont très clairs : la mauvaise intubation est la cause du décès.

Après, nous avons, dans cette affaire, rencontré les freins et les évitements habituels. Quelqu'un ayant, comme chaque lundi matin, appuyé sur le bouton Reset de la machine (le « bloc control ») du bloc 4 qui avait enregistré toutes les données de la patiente au fil de la journée du 26 septembre, toutes ces informations ont dès lors été détruites et malheureusement perdues pour la future recherche de la vérité.

Le docteur V. est d'abord incarcérée puis libérée en décembre sous contrôle judiciaire avec interdiction de

1. Il s'agit de l'air expiré. Ce qui équivaut à 2,40 grammes/litre en cas d'analyse sanguine.

quitter le territoire, interdiction bien sûr d'exercer et injonction d'un suivi médical. Contrôle judiciaire qui va durer quatre ans.

Avec la crise sanitaire, l'audience de juin dernier sera annulée, car les parents de Vanessa C., qui résident en Angleterre, ne pouvaient venir en France. Le contrôle judiciaire a été suspendu ainsi que l'interdiction de quitter le territoire, le docteur V. a pu retourner en Belgique.

Il est regrettable que, dans l'instruction, il n'ait pas été possible de poursuivre la clinique pour avoir tardé à licencier Mme V. ainsi que la société de recrutement pour avoir fait preuve d'une éventuelle négligence qui va s'avérer tragique, en ne procédant à aucune vérification sur la candidate proposée. Dans les deux cas, aucune faute n'a été retenue.

Il n'y aura donc aucune poursuite contre la clinique[1]. Pire, elle va se constituer partie civile !

Lors de l'audience au tribunal de Pau des 8 et 9 octobre derniers, le docteur V. comparait donc pour « homicide involontaire ». Son mode de défense est de garder le silence. On est tout juste parvenu à lui arracher un semblant de regret en toute fin d'audience.

J'ai trouvé cela très lâche, notamment vis-à-vis de la famille. Comme s'il y avait un manque total d'empathie.

Au début, elle avait tenté d'invoquer un dysfonctionnement de la machine, mais l'expertise réalisée dès le lundi avait démontré que c'était faux.

1. Entre-temps, la clinique Labat a eu des difficultés et a fini par sombrer. La maternité d'Orthez n'existe plus.

Pendant ses auditions, elle reconnaîtra qu'elle était à 70 % de ses capacités, mais qu'elle pouvait faire face aux situations d'urgence. Je suppose qu'elle estimait que ses 70 % à elle étaient bien supérieurs aux 100 % de certains de ses confrères…

Son avocat, ancien associé de l'actuel garde des Sceaux, Éric Dupond-Moretti [1], à l'origine avocat du docteur V., a cependant reconnu l'entière responsabilité de sa cliente et a plaidé l'indulgence du jury.

Le procureur va demander trois ans de prison ferme et l'interdiction d'exercer !

Le délibéré sera rendu le 12 novembre : le tribunal a suivi les réquisitions du parquet. Mme V. a été reconnue coupable d'homicide involontaire, avec une peine d'emprisonnement de trois ans ferme accompagnée d'une interdiction définitive d'exercer la médecine. Elle n'a pas fait appel de la peine prononcée.

En revanche, son assurance conteste les sommes allouées au titre de l'indemnisation des préjudices de Vanessa et de ses proches.

*

Ce qui continue de me révolter, c'est que nous sommes là face à une catastrophe qui était inévitable ! Tant de questions restent sans vraie réponse. Pourquoi les employeurs précédents ne l'ont pas dénoncée afin que cette praticienne soit soignée et ne puisse exercer dans cet état ? Alors que médecins, infirmières, mais aussi plusieurs patients

1. Qui a été nommé garde des Sceaux le 6 juillet 2020.

s'aperçoivent que le docteur V. sent régulièrement l'alcool, alors qu'elle semble sans cesse désorientée, pourquoi ces informations ne remontent-elles pas plus vite à la direction de la clinique[1] ? Pourquoi est-elle encore de service ce vendredi 26 puisque la décision de mettre fin à sa période d'essai pour « faute grave » a déjà été prise ? Comment en arrive-t-on à cette situation dans un hôpital d'une petite ville de province où la course aux anesthésistes est à ce point difficile qu'on en oublie parfois toute prudence ?

Tant de questions qui m'amènent une nouvelle fois à m'interroger sur l'opacité qui entoure régulièrement les dysfonctionnements du système hospitalier, sur le déni qui s'exprime immanquablement dans un premier temps, sur la pesanteur de la hiérarchie, et sur l'omerta qui s'installe ensuite.

Il est désespérant de se dire qu'il y aura d'autres Vanessa C. Qu'il y en aura encore et encore tant que le corps médical n'acceptera pas de s'avouer que, oui, il est faillible, que oui certains praticiens n'ont pas leur place dans la profession, que oui il est essentiel que plus de transparence et de contrôle, et surtout plus de courage, règnent enfin dans les couloirs de nos hôpitaux !

---

1. Une des infirmières déclarera : « J'ai immédiatement signalé à ma collègue que ce médecin buvait et ce dès le premier soir où je l'ai vue. Il s'agissait d'un premier abord et il m'était difficile d'aller trouver ma direction, car je n'avais pas de certitudes. »

Chapitre 6

Au nom de la loi Badinter

Pour que la vie d'après se mette en place

Il y a de grands hommes politiques.

Il y a de grandes lois.

Et ce sont souvent les premiers qui inspirent les secondes.

Parmi ces lois qui marquent une nation, qui changent les choses durablement et en profondeur dans une société, il y a la loi dite « loi Badinter[1] ».

Défendue par Robert Badinter (oui, celui de l'abolition de la peine de mort), alors ministre de la Justice du gouvernement socialiste de Laurent Fabius, promulguée en juillet 1985, elle va concerner tous les accidents de la circulation. C'est une loi qui visait à rééquilibrer entre autre le « combat » entre la voiture et les piétons. Tout

1. Loi n° 85-677 du 5 juillet 1985 tendant à l'amélioration de la situation des victimes d'accidents de la circulation et à l'accélération des procédures d'indemnisation. https://www.legifrance.gouv.fr/loda/id/LEGITEXT000006068902/2010-01-14/

comme son pendant pour les accidents médicaux, la loi Kouchner de mars 2002, voulait rééquilibrer celui entre le corps médical et les patients. Ces textes ont révolutionné la liquidation des dossiers des victimes en favorisant les transactions à l'amiable et en accélérant les procédures d'indemnisation. Avec le même allégement de la responsabilité de l'auteur fautif. Cette loi apportait un soutien aux plus faibles et un accès facilité à la justice.

Avant 1985, il fallait systématiquement solliciter les magistrats pour faire reconnaître son statut de victime. Avec cette nouvelle loi, on a légiféré sur cette reconnaissance si essentielle du statut de victime. Pour les passagers d'un véhicule accidenté comme pour les piétons et les cyclistes renversés. Auparavant, un piéton renversé qui avait traversé sans respecter la signalisation était considéré comme fautif et voyait son indemnisation réduite.

Restent bien entendu des exceptions quand il y a un acte volontaire comme une tentative de suicide ou des fautes d'une gravité exceptionnelle qui se trouvent être la cause exclusive de l'accident. Au milieu des années 2000, j'ai eu, par exemple, à plaider dans un dossier (dont je vous parle plus loin dans ce livre[1]) où mon client avait commis des fautes d'une particulière gravité, qui pouvait être qualifiées de « faute inexcusable », en traversant à

1. Chapitre 9 : Au cœur de l'indemnisation… La difficile question de la responsabilité.

pied et de nuit une quatre voies après avoir consommé de l'alcool et des stupéfiants…

Cette loi Badinter « tendant à l'amélioration de la situation des victimes d'accidents de la circulation et à l'accélération des procédures d'indemnisation » a vraiment été une révolution et a marqué son époque ! À tel point que même si la jurisprudence est riche, rien n'a été modifié dans ce texte depuis trente-cinq ans ! Ce qui est très rare…

L'idéal aujourd'hui serait à mon avis d'aboutir à une loi plus générale qui traiterait le dommage corporel comme la loi Badinter, mais avec une amélioration du sort du conducteur fautif en instaurant une forme d'indemnisation qui serait exclue pour les délinquants routiers et les récidivistes.

L'efficacité de la loi Badinter s'explique aussi par la qualité des médecins experts désignés par les assureurs. Ils font partie de ceux qui ont la meilleure maîtrise de l'évaluation médico-légale des séquelles d'une victime. Quc vaut tel ou tel handicap en termes d'indemnisation ? Ce qui, hélas, n'exclut pas certaines stratégies cachées comme nous le verrons dans ce chapitre concernant le dossier du jeune Tom E. [1]

C'est alors qu'intervient le travail de l'avocat. Il est là pour aider les victimes et leurs proches à déjouer tous les pièges. Pour sortir des barèmes automatiques et aveugles.

1. Le prénom et l'initiale du nom ont été modifiés.

Une réflexion aussi détestable qu'indispensable s'impose : que vaut la perte de tel organe du corps ? Et en fonction du statut de la victime, l'approche ne sera pas la même.

Ainsi certaines mains perdues valent plus que d'autres. Celle d'un pianiste ou d'un peintre n'a pas la même « valeur » (en termes d'indemnisation du préjudice) que celle d'un expert comptable ou d'un avocat... Pour un pianiste professionnel, ne serait-ce qu'un doigt arraché ou paralysé et c'est la fin de sa carrière. Cela doit absolument être pris en compte pour aboutir à une liquidation juste d'une indemnisation.

*

Le drame que va vivre le jeune Thibaud A.[1], dix-sept ans et demi, est un fait divers atrocement banal comme on peut en lire chaque semaine dans les colonnes de la presse régionale.

Nous sommes le 7 avril 2001. Il est environ 5 heures trente du matin. Quatre jeunes sortent d'une discothèque, près de Nancy, beaucoup trop alcoolisés. Le conducteur, Alexandre R.[2], dix-neuf ans, qui n'a son permis que depuis trois semaines et conduit la Peugeot 306 turbo diesel empruntée à sa mère, a 1,28 gramme d'alcool dans le sang[3].

1. Le prénom et l'initiale du nom ont été modifiés.
2. Le prénom et l'initiale du nom ont été modifiés.
3. À l'époque la limite est fixée à 0,8 gramme/litre. Le conducteur avait consommé de nombreux verres de whisky et de whisky-coca au cours de la soirée avant d'entrer dans la discothèque.

Le terrifiant cocktail vitesse excessive + manœuvre dangereuse + alcool + inexpérience ne pardonne pas. La perte de contrôle n'est jamais très loin. À 110 kilomètres-heure environ dans une zone limitée à 50, Alexandre tente, en sortie de virage, un dépassement périlleux sur une chaussée humide et en franchissant une ligne continue. La voiture finit sur un terre-plein, encastrée dans le poteau d'un feu de signalisation.

Tout l'impact a lieu sur le côté passager. L'un des jeunes passagers, Thibaud A., qui était installé à l'avant, est très gravement touché, victime notamment d'un gros traumatisme crânien avec hémorragie cérébrale.

Il va se retrouver plongé dans un état végétatif dont il ne sortira plus. Il ne bouge plus, ne parle plus... Il est dans un état dit « pauci-relationnel » que l'on appelle aussi « état végétatif chronique ». C'est-à-dire que suite à des atteintes neurologiques sévères, il se retrouve dans une dépendance totale pour tous les actes élémentaires de la vie quotidienne[1].

Il est vivant mais condamné à une vie d'enfermement à l'intérieur de lui-même. Pour ses parents, pour ses proches, c'est le drame absolu !

Si j'évoque ici le cas de Thibaud A., c'est qu'il y a, au-delà du fait divers, deux intérêts majeurs dans ce dossier terrible. Tout d'abord, il sera l'une de mes premières victimes avec des séquelles aussi graves.

Ensuite, c'est la seule fois de toute ma carrière où je vais voir le responsable de l'accident aussi concerné par

1. Son DFP (déficit fonctionnel permanent) sera évalué à 95 %.

les conséquences de ses actes et aussi dévoué à son ami. Lequel responsable sortira totalement indemne du choc ce qui, au départ, va rendre la situation encore plus odieuse pour les parents de Thibaud.

Mais ça reste aujourd'hui encore un des rares dossiers où je peux mettre en lumière positivement l'attitude du tiers responsable. Alexandre a presque été tenté de se substituer au fils auprès des parents, ou en tout cas de se joindre à eux. Il a fait preuve d'un engagement quotidien auprès de cette famille brisée. Il est en quelque sorte lui aussi victime de l'accident… et il fait dès le début un *mea culpa* sincère.

Bien sûr, tout n'a pas été si simple. Les premiers temps, il a eu la bonne idée d'éviter de croiser la maman. Elle a mis plus de temps que le père à accepter… Elle ignorait qu'il venait tous les jours veiller son ami à l'hôpital. Quelques années plus tard, elle ira témoigner sur le plateau d'une émission de Jean-Luc Delarue et sera absolument poignante sur la question du pardon.

Dans ce dossier, nous serons donc face au docteur Antoine Rogier qui est l'expert de la MACIF avec le docteur Dominique Courtois qui est le médecin-conseil de la victime. À l'époque, nous sommes au tout début des années 2000, je considérais qu'une expertise ne pouvait pas se faire sans médecin-conseil. J'assistais aux expertises assis sur un tabouret au fond de la salle. Nous, les avocats, n'étions pas les bienvenus.

Aujourd'hui, je pense l'inverse ! L'avocat spécialisé se doit d'être aussi compétent sur l'aspect médico-légal que le médecin expert. D'autant que les « médecins de recours de victimes » avisés sont de plus en plus rares et que notre expérience nous permet d'évaluer les séquelles des victimes en maîtrisant parfaitement les conséquences économiques de telle ou telle séquelle.

L'indemnisation de Thibaud A. ne posera pas vraiment de grande difficulté du fait de la gravité de ses préjudices. L'évaluation des séquelles est d'autant plus facilitée par la qualité des interlocuteurs en la personne des docteurs Rogier et Courtois.

Le 29 juin 2002, en leur compagnie, nous nous rendons au domicile de la famille A. pour l'évaluation de l'état du jeune homme, de ses besoins en aménagements et matériels divers et donc des indemnisations envisageables. Il sera notamment établi qu'il a besoin d'une tierce personne 24 heures sur 24.

C'est en bonne intelligence avec l'inspecteur régleur de l'assureur (la MACIF) que nous allons négocier le montant de l'indemnisation revenant à Thibaud.

On a pu aménager la maison, le véhicule des parents. C'est très important parce que lorsque des parents vivent ce drame, leur première préoccupation, une fois le premier choc passé, c'est d'imaginer la vie d'après. Comment reprendre leur fils chez eux ? Comment le déplacer dans la maison ? Il faut donc que l'indemnisation (ou au moins une provision importante) soit rapidement versée pour reconstruire cette vie d'après qui implique des dépenses très importantes. Il faut savoir qu'aménager un véhicule pour transporter Thibaud et son fauteuil va représenter une dépense de plus de 50 000 euros. Qu'installer un ascenseur, aménager une salle de bains, revoir l'accès et l'ouverture de toutes les portes, rendre accessible le jardin représentent des dépenses de plus de 300 000 euros.

Du jour au lendemain, les parents se trouvent plongés dans un univers terrible. Sans d'importants moyens financiers, c'est ingérable !

L'ensemble de la transaction va aller jusqu'à son terme avec une indemnisation que je considère comme satisfaisante.

Avec les parents de Thibaud, pour ne pas accabler Alexandre, nous décidons de ne pas nous constituer parties civiles dans la procédure correctionnelle pour « blessures involontaires par conducteur sous l'emprise d'un état alcoolique » contre le jeune conducteur.

Le père de Thibaud, un homme à la carrure imposante, sera présent à l'audience et demandera à prendre la parole pour évoquer l'attitude remarquable du prévenu et réclamer l'indulgence du tribunal : « Notre vie a déjà été brisée. Ne brisez pas la vie de ce jeune homme et de sa famille... »

Au vu de la dangerosité extrême de son attitude cette nuit-là, il sera tout de même condamné à deux ans de prison ferme.

Une prise de risques irresponsable, je le reconnais, et qui aurait pu avoir des conséquences encore plus désastreuses si la voiture en avait percuté une autre par exemple, mais que je veux vraiment mettre en perspective avec son comportement et sa fidélité à son ami meurtri à l'issue du drame. Je n'avais jamais vu cela et je ne l'ai jamais revécu par la suite. Systématiquement, les amitiés implosent, les familles se déchirent sous l'effet conjugué du chagrin, de la colère, de la haine, puis de la rancœur.

*

Encore faut-il avoir le bon expert…

Le vendredi 6 décembre 2002, le petit Tom E. [1], âgé de sept ans, qui est installé à l'arrière de la voiture de son père et porte sa ceinture de sécurité, va être très grièvement blessé dans un redoutable accident. Un véhicule venant en sens inverse est sorti de sa voie de circulation et le choc frontal a été terrible. Victime d'un grave traumatisme crânien, Tom va rester presque deux mois dans le coma à l'hôpital Necker. Les séquelles seront terribles puisque l'enfant est dans un état pauci-relationnel et souffre entre autres d'une hémiplégie complète du côté droit et d'un œdème cérébral.

Il se trouve qu'à la naissance, Tom avait connu un petit coma métabolique à l'âge de six semaines et avait été hospitalisé deux mois à l'hôpital Robert-Debré. Comme va le préciser son père lors de l'expertise, cela avait nécessité dans les années suivantes un suivi orthophonique et psychologique.

1. Le prénom et l'initiale du nom ont été modifiés.

Le médecin expert de l'assureur, le docteur B., va se focaliser sur cet état antérieur lors de son expertise de juin 2003. Lors de sa deuxième expertise de janvier 2005, il insiste encore plus sur ces antécédents. Et cherche même des explications aux séquelles de Tom dans le passé scolaire de l'enfant qui a redoublé une année de maternelle...

Il y aura donc peu de provisions versées par l'assureur au motif que l'expert impute pour partie l'état actuel de l'enfant à son état antérieur...

Sa maman est kinésithérapeute et son papa médecin. Heureusement pour Tom. Ils auraient pu tomber dans le piège tendu par l'assureur et accepter une indemnité symbolique qui n'aurait pas suffi pour financer l'état séquellaire de leur fils. Mais ils ont tout de suite compris ce qui se passait...

J'interviens dans ce dossier après la deuxième expertise du docteur B.. Mon ressenti immédiat est que cet expert met tout en œuvre pour atténuer la gravité des séquelles imputables à l'accident et donc alléger significativement l'indemnisation.

J'informe l'assureur de mon accord sur le principe d'une expertise amiable à la condition de voir désigné un expert intègre et compétent, à la hauteur de l'importance des séquelles. Il y a en France moins d'une dizaine de médecins experts qui gèrent les sinistres importants et le premier expert désigné n'en fait pas partie !

L'assureur accepte, car il a bien compris ma volonté de saisir les magistrats en cas de refus !

J'obtiens alors la désignation du docteur Bernard Serny qui est un des plus compétents en la matière.

Dès son premier rapport, le 24 juin 2006, il écarte la responsabilité de l'état antérieur de Tom, car il démontre de façon évidente que le traumatisme crânien très important suffit à expliquer la totalité des séquelles.

Son second rapport du 18 juillet 2011, qui fait suite à sa visite en ma compagnie aux domiciles de la mère puis du père de Tom, est encore plus explicite. L'un des arguments du docteur B. est tout simplement torpillé puisqu'il s'avère que le redoublement de Tom en classe de maternelle n'était absolument pas dû à des troubles psychomoteurs et que l'enfant était bien en cours d'acquisition de la lecture.

J'ai rarement l'occasion de me retrouver dans une situation aussi excessive où on va rechercher l'origine des séquelles dans un état antérieur nébuleux alors que l'accident suffit largement et de façon certaine à les expliquer.

Et je ne peux pas croire à une erreur du médecin expert. Je suis persuadé qu'il a agi là dans l'intérêt de son employeur, l'assureur, et je trouve ça tout simplement écœurant !

Nous n'avons hélas pas pu finaliser une transaction à l'amiable et j'ai donc dû saisir le tribunal de grande instance de Niort. Le jugement interviendra en janvier 2017, soit près de quinze ans après l'accident, délai non anormal car il a aussi fallu attendre sa consolidation [1]

1. État stable de la victime.

L'assureur, contrairement à l'objectif de la loi Badinter, n'acceptera pas la liquidation à l'amiable.

Finalement, nous obtiendrons la somme totale de plus de 3 millions d'euros plus une rente viagère annuelle d'un montant de 119 616 euros (soit, une fois capitalisée, d'un montant total de 6 969 904,7 euros). Ce qui au total approche des 10 millions d'euros.

Si les parents de Tom n'avaient pas vu qu'on tentait de les abuser, ils auraient probablement accepté une indemnité nettement inférieure au motif de cette pure invention d'un état antérieur. D'où l'importance de la qualité de l'expert.

Au fil des années de lutte commune, je me suis pris d'affection pour cette famille. Aujourd'hui, Tom a vingt-cinq ans et j'ai porté son combat pendant toute son adolescence. Des liens se sont créés. J'ai le sentiment d'appartenir à la famille. Que c'est un peu grâce à moi s'ils ont pu obtenir justice. Il y a chez eux, et ça me touche vraiment, une reconnaissance forte.

Souvent, pour les familles entraînées dans de telles tragédies, l'avocat devient un socle et aussi un bouclier face à toutes les tracasseries administratives. Y compris vis-à-vis du juge des tutelles qui est là pour protéger l'enfant handicapé, personne vulnérable s'il en est. Il est en effet nécessaire de rendre régulièrement des comptes à ce juge afin de justifier du bon emploi et de la bonne gestion du patrimoine du protégé, ce qui est parfois mal perçu et mal vécu par les familles.

Certes cette implication auprès des victimes et de leurs proches est extrêmement chronophage (d'autant que nous avons nombre d'autres clients qui réclament eux aussi temps et attention) et peut parfois mettre à rude épreuve notre capacité d'empathie. Mais qu'est tout cela à côté de la satisfaction d'avoir aidé une famille écrasée par le chagrin après un tel drame de la vie à se reconstruire, à reprendre pied mois après mois, à inventer la vie d'après pour que leur proche accidenté puisse bénéficier de l'existence la plus douce possible ?

Chapitre 7

Les hôpitaux et le mur du silence

Une dissimulation intolérable et aggravante

Par définition, ma spécialité m'expose constamment à des situations dramatiques aux côtés de familles brisées. J'en ai pris l'habitude désormais depuis plus de vingt ans que j'exerce dans le domaine des erreurs médicales. Sans doute me suis-je endurci au fil des années ? Le défi étant de se protéger suffisamment sans pour autant perdre sa capacité d'empathie et d'écoute. De se préserver tout en s'impliquant totalement auprès de victimes et de familles qui sont bien souvent dépassées par le tourbillon qui les entraîne vers le fond...

J'ai cependant rarement été aussi bouleversé et scandalisé que dans le dossier d'Emma S[1]. Car non seulement une grave erreur humaine lors d'une séance de radiothérapie l'a plongée dans d'atroces souffrances physiques et psychologiques jusqu'à lui faire perdre la vie après seize mois de calvaire, mais la volonté de certains praticiens

1. Le prénom et l'initiale du nom ont été modifiés.

hospitaliers d'échapper à leur responsabilité a, pour moi, confiné à l'odieux.

Une année entière de mensonges et de dissimulations de la part de certains médecins du centre hospitalier de Lyon Sud a décuplé les souffrances de cette jeune femme et de ses proches. Emma S. souffrira de telles séquelles sans savoir ce qui lui arrive qu'elle en deviendra dépressive, anorexique, perdra jusqu'à trente kilos et sera même placée huit jours en établissement psychiatrique ! Un calvaire sans nom qui frappera également de plein fouet son époux, mais aussi ses jeunes enfants et toute sa famille.

Il s'agit d'une dissimulation intolérable et aggravante !

Comment justifier cela ? Comment pardonner cela ?

Il est là le scandale de cette affaire : l'information tardive de la patiente. L'horreur du mécanisme de silence que peut instaurer un hôpital.

Cette affaire est le reflet de la médiocrité de l'attitude de certains responsables quand survient un problème grave dans l'un de leurs services. S'il y a bien des moments où le mot omerta prend tout son sens, toute sa dimension glaçante, ce sont ceux-là. Comme nous l'avons déjà vu lorsque j'évoquais au début de ce livre la mort de la petite Marianne G. dans une clinique de la banlieue bordelaise, en octobre 1998[1].

*

1. Chapitre 2 : Ma première affaire d'erreur médicale. La perte d'une enfant est insupportable.

Emma S. avait trente ans et souffrait d'une malformation artérioveineuse congénitale du cerveau qui nécessitait une radiothérapie. « Le traitement qui présente le moins de risques », avait conclu une réunion pluridisciplinaire au sein de l'hôpital, comme le révèle le rapport d'expertise du docteur Jean-Marie Privat remis en juin 2009. Traitement qui lui donnait 70 % de chances de guérir de sa pathologie initiale !

C'est le 4 novembre 2004 qu'a lieu la première séance de radiothérapie multi-faisceaux. Lors du deuxième passage, l'ouverture du collimateur calée sur 40 sur 40 centimètres au moment des opérations de préparation de l'appareil n'a pas été réduite à la taille demandée pour cette intervention et qui était de 40 sur 40 millimètres, et non pas centimètres.

Le physicien, le docteur S., s'aperçoit de l'erreur de la manipulatrice[1] à la moitié de ce deuxième passage et va interrompre l'irradiation. Il décidera cependant avec la radiothérapeute, le docteur D., de continuer le traitement après avoir corrigé l'affichage « ne pensant nullement que l'irradiation parcellaire avec un mauvais paramétrage » pouvait entraîner une quelconque morbidité.

Emma S. n'est pas mise au courant de ce grave incident à l'issue de la séance de radiothérapie, si bien qu'aucune surveillance renforcée ne lui est proposée.

1. Laquelle était ce jour-là seule dans le service alors qu'il s'agissait d'une radiothérapie complexe et qu'il y a d'habitude deux voire trois personnes chargées de ces tâches de manipulation.

Quelques jours après l'irradiation, elle ressent les premières douleurs cervicales et buccales. Puis son état ne cesse de se dégrader au fil des mois. Elle perd ses cheveux, maigrit de près de 20 kilos tant il lui est devenu douloureux de s'alimenter.

Le 10 mai 2005, le docteur D., radiothérapeute, écrit après avoir revu sa patiente en consultation à six mois que « son alopécie[1] quasi complète (survenue) deux à trois semaines » après la radiothérapie a été « attribuée à l'irradiation ». On apprend dans son compte rendu qu'elle a été informée, ce jour-là, par la patiente de son amaigrissement de 15 à 20 kilos, de sa fatigue persistante et de céphalées importantes. Il est noté également qu'Emma S. avait consulté un stomatologue de l'hôpital qui lui avait alors expliqué : « L'ensemble de ses glandes salivaires ont été brûlées par la radiothérapie. »

Cela ne semble pas alarmer le médecin plus que cela puisqu'elle écrit, face à l'étonnement de sa patiente, qu'à son avis « il ne s'agit pas d'effets indésirables de l'irradiation » puisque les rayons ont été « extrêmement focalisés au niveau de la malformation artérioveineuse (MAV) ».

Ce qui se révélera totalement faux puisque la zone exposée à l'irradiation excessive mesurait 40 cm sur 40 cm et qu'a notamment été touchée la jonction entre le pharynx

1. Perte anormale des poils sur le corps (cheveux, sourcils, cils, poils des bras, des jambes, etc.)

et l'œsophage. Zone dans laquelle se développera plus tard la fistule œso-trachéale[1] qui s'avérera fatale à Emma S..

Toujours ce contexte de déni, dont la praticienne doit sans doute se dire qu'il lui permettra de s'en sortir sans encombre, car les symptômes de la jeune femme s'atténueront, forcément.

Pourtant, l'enquête révélera que la psychologue du service de radiothérapie, Mme B., avait, quelques jours avant ce rendez-vous du 10 mai, « vivement conseillé au docteur D. de dire toute la vérité » à Emma S. La psychothérapeute qui avait assisté à la séance de rayons du 4 novembre racontera que la radiothérapeute « lui a semblé ennuyée, car tous les médecins du service s'étaient réunis et avaient, semble-t-il, décidé de ne rien dire[2]... »

Quelques mois plus tard, le 7 février 2006 (cinq semaines avant son décès), la psychologue assiste également, et à la demande du docteur D., à une consultation : « La patiente s'était mise en colère, persuadée qu'on lui mentait et exigeant de savoir pourquoi elle était dans cet état-là. » Emma S. lui avait alors fait part « d'une

1. Communication anormale (fistule) entre l'œsophage et l'arbre respiratoire (trachée, bronches), congénitale ou acquise, qui peut être à l'origine de passages liquidiens ou alimentaires vers les bronches (fausses routes) dont les conséquences peuvent être gravissimes (infection pulmonaire...).

2. Ordonnance de renvoi devant le tribunal correctionnel, 25 juin 2010.

immense colère contre les médecins et d'un internement subi début janvier pour une prétendue anorexie[1]... »

Entre-temps, fin novembre 2005, Mme B., lassée et inquiète de ces dissimulations, envoie plusieurs e-mails à la chef de service, le docteur R. « concernant l'urgence de dire la vérité à la patiente et d'en discuter avec l'équipe[2]... » Sans être entendue.

On notera qu'après le décès d'Emma S., des tensions apparaîtront dans ses relations au sein du service et qu'il ne lui sera plus possible d'accéder aux salles de traitement de radiothérapie ! Ce qui s'appelle être mise au placard. Malheur à ceux qui tentent de briser la loi du silence lorsque celle-ci a été décrétée au plus haut niveau !

Retour au printemps 2005. Les séquelles sont bien là et de plus en plus graves. L'évidence s'impose et le 29 juin, le docteur D. reçoit Emma S. et sa mère qu'elle informe enfin de ce qui s'est passé lors de la séance de novembre. Mais partiellement seulement. Elle lui parle d'un « problème technique » sans lui dire vraiment la gravité de cette erreur de réglage.

Livrée à elle-même et à ses douleurs depuis près de huit mois, Emma reçoit enfin une information mais qui reste tronquée. Interrogée pendant l'instruction sur ce choix peu déontologique et illégal de ne pas informer complètement sa patiente, le docteur D. demandera :

1. *Ibid.*
2. *Ibid.*

« Quel est l'intérêt d'ajouter au patient un souci alors que la procédure est déjà très anxiogène ? »

Le docteur D. écrit suite à cette nouvelle consultation qu'après avoir « revu très précisément le traitement de novembre 2004 » avec un radiophysicien, « il apparaît qu'effectivement une dose a été délivrée au niveau de l'encéphale et des glandes salivaires ». Une nouvelle fois, il ne s'agira que d'un demi-aveu puisque aussitôt la médecin ajoute que « les doses délivrées ont été calculées très précisément » et que « les effets indésirables devraient s'améliorer progressivement [...] cependant cette amélioration va être lente, de l'ordre de douze à dix-huit mois ».

En utilisant le conditionnel (« devraient s'améliorer ») et en prévoyant un délai de douze à dix-huit mois, la médecin démontre qu'elle ignore l'ampleur des dégâts à venir. Une certitude en tout cas, elle ne veut pas en faire état par écrit[1]...

L'état général de la patiente va continuer de se dégrader d'une façon qui reste, pour elle, inexplicable. Pire, les médecins qui la suivent en ville ne sont pas informés (et ce depuis le début) de ce qu'il s'est exactement passé le 4 novembre 2004. L'état psychologique de la jeune femme s'aggrave et elle est mise sous antidépresseurs.

À partir de décembre 2005, elle ne peut plus s'alimenter et perd au total 33 kilos, soit plus de la moitié de son poids. Fin janvier 2006, alors qu'elle va de plus

1. À noter aussi que le docteur D. n'a pas inscrit l'erreur commise lors de la séance du 4 novembre 2004 sur le dossier médical de la patiente.

en plus mal, elle est même hospitalisée huit jours au centre psychothérapique d'Ambérieux-en-Bugey.

C'est ensuite que les événements se précipitent. Le caractère inquiétant de ses symptômes digestifs déclenche son transfert à l'hôpital de Bourg-en-Bresse (où pour la première fois le diagnostic de fistule œso-trachéale est envisagé) puis au centre hospitalier de La Croix-Rousse à Lyon, le 19 février 2006.

Le 2 mars, une opération délicate est réalisée sur cette fistule. Avec d'énormes complications. Neuf jours plus tard, le 11 mars 2006, en fin d'après-midi, une hémorragie cataclysmique causera un désamorçage de la pompe cardiaque et le décès de la patiente. Une hémorragie massive dont il sera établi qu'elle est en rapport direct avec l'érosion des troncs supra-aortiques fragilisés par la radiothérapie de novembre 2004.

*

Ce qu'il faut bien comprendre dans cette affaire hallucinante, c'est que si Emma S. n'était pas décédée dans ce contexte hors norme, il n'y aurait pas eu d'autopsie et on n'aurait jamais découvert les conséquences gravissimes de l'erreur grossière commise lors de la séance de rayons.

Les lésions à traiter étaient de dimension très faible pour le physicien de service ce 4 novembre 2004, qui est formel : il a demandé de réduire le champ à 40 x 40, comprendre qu'il avait en fait demandé 40 cm sur 40 cm « défiait le bon sens ».

Cependant, dans son rapport d'expertise de juin 2009, le docteur Jean-Marie Privat écrit qu'il « est bien certain que Mme S. a été prévenue tardivement de la complication » mais que, comme le premier calcul de surdosage ne tenait pas compte de certaines irrégularités de réglage, les praticiens ont conclu à un surdosage « qui n'aurait pas de conséquences durables ».

Selon l'expert, c'est « de bonne foi et non de façon délibérée » que l'équipe de radiothérapie n'a pas estimé qu'il était justifié d'alerter Mme S. le jour même de la séance de rayons en novembre. Il ajoute toutefois qu'il est « certain qu'une information plus précoce lui aurait permis d'éviter une certaine "errance médicale" pendant plusieurs mois » mais aussi qu'il est « également certain qu'il n'y avait aucun traitement disponible permettant d'éviter les complications qui sont survenues, la radiothérapie entraînant la nécrose irréversible des tissus ».

De bonne foi ou pas, il est flagrant qu'au minimum, et durant des mois, le docteur D. ne respecte pas son obligation légale d'informer la patiente des risques qu'elle encourt...

Ce qu'il s'est passé avec cette lente descente aux enfers d'Emma S. m'a en tout cas confirmé que lorsqu'on a été mis sur les rails de problèmes psychiatriques, il est difficile, pour les médecins, pour les proches comme pour la patiente de faire le chemin inverse !

À la lumière de l'instruction, on constate qu'un très grand nombre de personnes ont voulu couvrir – ou tout au moins minorer – l'erreur de départ. Ainsi Emma n'a su la vérité que quelques mois avant sa mort. Elle a dû subir un long calvaire, le vivre dans l'isolement, souvent livrée à elle-même avec sa famille. Tout le monde, au sein de l'hôpital, s'est enfoncé dans le mensonge. Et, à la fin, il y a le décès d'une jeune femme de trente-deux ans, mère de deux jeunes enfants !

Comme le dira son mari : « Ils l'ont laissé dépérir... »

*

Sans doute conscients qu'ils ne pouvaient plus garder le silence, les Hospices civils de Lyon reconnaissaient le jeudi 20 avril 2006, qu'ils avaient commis « une erreur humaine dramatique et rarissime » admettant qu'une patiente suivie pour une malformation congénitale au cerveau avait reçu une surdose de rayons après une erreur de réglage de la machine par l'opérateur[1]. L'hôpital ajoutait qu'il s'était immédiatement aperçu de sa terrible méprise et en avait alors informé Emma S. !

Cette déclaration, si contraire à la réalité des faits, allait provoquer la colère de la famille qui organisait une conférence de presse dès le lendemain. Pour dire notamment que l'équipe hospitalière n'avait prévenu Emma qu'en novembre 2005, un an après l'accident, à l'occasion d'un rendez-vous sollicité par la patiente très inquiète. Elle était amaigrie de vingt kilos et épuisée de façon inexplicable selon elle. Pour réagir aussi à une déclaration des Hospices civils de Lyon selon laquelle « il n'y a pas eu de sanction... on a cherché l'amélioration plutôt que tirer sur les lampistes... » Drôle de façon de désigner des

1. *Le Monde*, 12 mai 2006.

professionnels de santé en charge de la radiothérapie dans leur établissement.

Le père et le mari d'Emma annonçaient ce jour-là qu'ils allaient porter plainte contre les HCL pour « homicide involontaire par imprudence ».

Scandalisé, le père déclarait ce jour-là : « Les HCL sont des voyous dans leur discours et dans leur comportement. J'irai jusqu'au bout parce que ma fille me l'a demandé et parce que nous voulons des explications[1] ! »

*

Nous poursuivrons, d'une part, les Hospices civils de Lyon devant le tribunal administratif de Lyon. Lequel reconnaîtra, dans son jugement du 16 novembre 2010, leur « responsabilité pour faute » dans la survenue du décès d'Emma, suite à la séance de radiothérapie du 4 novembre 2004 ouvrant ainsi droit à l'indemnisation de la victime et de ses ayants droit. Le tribunal condamnera les HCL à indemniser les souffrances d'Emma S. (aussi bien physiques[2] que psychologiques) et notamment « la douleur morale qu'elle a éprouvée du fait de la conscience d'une espérance de vie réduite ».

D'autre part, nous poursuivrons au pénal les médecins impliqués dans cette affaire. Et, le 20 septembre 2013, le

1. *Ibid.*

2. L'expert les évaluera à 6 sur une échelle de 7 compte tenu du caractère « particulièrement douloureux » de certains troubles causés par l'irradiation fautive.

tribunal correctionnel de Lyon condamnera trois des quatre prévenus pour « homicide involontaire ». Le docteur D. écopera de dix mois de prison avec sursis mais rien pour « non-assistance à personne en danger », car l'abstention volontaire de porter secours ne peut lui être reprochée selon le tribunal. En effet, pour les juges, « il n'est pas acquis qu'avant la fin 2005, elle ait compris que le pronostic vital d'Emma S. était engagé et qu'il existait pour elle un péril imminent[1] ».

Le physicien, le docteur S., de six mois avec sursis. La manipulatrice radio, de trois mois avec sursis. La cheffe du service de radiologie, le docteur R., sera quant à elle relaxée…

Si, sur le fond, ce jugement nous a satisfaits, mes clients et moi, on ne m'ôtera pas de l'idée que, dans cette affaire odieuse, « les lampistes » s'en sont bien sortis…

1. Jugement correctionnel du 20 septembre 2013 du TGI de Lyon.

Chapitre 8

Mes clients et moi

De belles et de moins belles rencontres…

J'aurais pu intituler ce chapitre « La sainte famille et le mauvais coucheur » tant les histoires que j'ai choisi de vous raconter nous emmènent aux deux extrêmes de ce que peuvent être les relations entre un avocat et ses clients…

Avant d'en venir au cas quasi pathologique d'un client obsessionnel qui va me poursuivre en justice en dépit du bon sens et durant plus de six ans pour une poignée d'euros, je veux vous parler de Stéphanie N[1].

Entre 2006 et 2013, du fait de rapports d'experts aberrants et contradictoires et de fausses déclarations du conducteur fautif, elle a été accusée d'être responsable de la mort de son fils Laurent[2] (vingt et un mois) suite à un accident de voiture. C'est une personne plutôt réservée qui a été profondément meurtrie. Non seulement par la

---

1. Le prénom et l'initiale du nom ont été modifiés.
2. Le prénom a été modifié.

souffrance de perdre son enfant mais aussi par le poids de la culpabilité. Une culpabilité plus qu'oppressante pour cette maman.

De tous les clients que j'ai accompagnés depuis que j'exerce, c'est la seule qui a manifesté une telle reconnaissance aussi longtemps. Tout au long de notre rude combat, il n'y a eu entre nous que bienveillance et confiance. Sa reconnaissance est totale, je le sens et je le sais.

J'ai, en la conseillant et en ne renonçant jamais malgré le mauvais tour qu'avait pris l'instruction, probablement modifié le cours de sa vie. Reconnue finalement comme victime d'un conducteur imprudent, elle a pu envisager l'acceptation. Enfin…

Mon combat était comme toujours d'arriver au plus près de la vérité. Cette notion de persévérance a un vrai sens selon moi. Parfois confronté à des drames aussi lourds, le couple, lézardé par les soupçons et les reproches, n'y résiste pas. Là, son mari n'a jamais douté d'elle et ils ont combattu main dans la main.

Tous les 31 décembre, Stéphanie N. m'envoie un petit cadeau, mon thé préféré… Un petit rituel qui peut sembler banal mais qui pour moi symbolise ce lien invisible qui s'est tissé entre nous au fil de nos années de lutte.

Bien sûr, il y a bien d'autres clients ou proches de clients avec lesquels j'ai construit de belles relations. Parfois de vrais liens affectifs.

Avec toutes ces personnes, avec toutes ces familles, nous menons le combat judiciaire pour obtenir d'abord le statut de victime, puis une décision de justice adaptée avec la condamnation du ou des responsables et, bien entendu, avec l'attribution des indemnisations nécessaires. Et, en parallèle, tout au long de ce cheminement souvent chaotique, nous les aidons à construire la vie d'après. Une nouvelle vie !

Nous participons à l'acceptation de ce qui est et au deuil de ce qui n'est plus.

Je vous ai déjà parlé au chapitre 6 des parents admirables du petit Tom E. Il y a bien sûr Thierry Walter avec lequel j'ai traversé un long tunnel (dont nous ne sommes pas encore sortis) suite au décès tragique de son fils Maxime à l'hôpital de Strasbourg dans des conditions innommables sur lesquelles je m'attarderai plus tard[1]. Et comment ne pas citer la maman de la petite Camille T. qui ne cessait ensuite de m'envoyer des photos et des dessins de sa fille ? Ce que nous avons vécu a été tellement fort. Comme avec toutes les mamans de ces petits bouts de chou lourdement handicapés après un accouchement mal géré.

Je repense également à la mère de Timothée B., tétraplégique à l'âge de quinze ans après un simple chahut dans sa chambre avec son meilleur ami, dont nous évoquerons les souffrances plus loin.

---

1. Chapitre 10 : L'affaire Walter : l'enquête impossible d'un père déterminé. Au plus profond du déni.

*

Le dimanche 22 octobre 2006 à 19 h 25 sur l'autoroute A62 dans le sens Toulouse-Bordeaux survient un accident entre deux véhicules. La Renault Mégane de Michel T.[1] est venue violemment percuter par l'arrière la Peugeot 207 de Stéphanie N. Sous la violence du choc, la zone de coffre et en partie l'habitacle arrière de la 207 ont été compressés. Malgré un léger traumatisme crânien et une plaie de 8 centimètres au front, la maman n'a rien de grave mais son fils Laurent, vingt et un mois, installé et sanglé à l'arrière dans son siège enfant, est victime d'un lourd traumatisme crânien avec un coma d'emblée, d'un œdème du système nerveux et des lésions cérébrales.

« Dans un état alarmant » selon le rapport de gendarmerie, le jeune enfant est transporté à l'hôpital pédiatrique de Purpan à Toulouse par le SAMU. Il décédera de ses blessures le 13 janvier 2007, soit 83 jours après l'accident...

Alors que les circonstances sont établies de façon très claire et indéniable, après deux ans et neuf mois d'expertises tantôt fantaisistes, tantôt divergentes, ce dossier s'avérera complexe et pénible tant la juge d'instruction, sous l'influence des premiers rapports, se montrera plutôt défavorable à la maman de la victime.

Il faut savoir qu'à l'époque, il n'existe pas de diplôme pour les experts en accidentologie. Et que c'est une

1. Le prénom et l'initiale du nom ont été modifiés.

activité fort bien rémunérée. Au pénal, le prix moyen d'une expertise se situe entre 1 000 à 2 000 euros. Au civil, comptez plutôt 5 à 6 000 euros[1]. Jusqu'à récemment il suffisait de présenter un dossier au tribunal pour se retrouver sur la liste des experts en accidentologie. C'est beaucoup plus encadré depuis quelques années.

Je dois avouer que parfois la lecture de certains rapports me laisse très perplexe. Pour l'évaluation de la vitesse des véhicules, il peut y avoir jusqu'à 4 ou 5 pages de calculs totalement incompréhensibles pour les non-initiés... Et en plus les logiciels des assureurs (pour les calculs de vitesse) semblent différents des logiciels des experts judiciaires...

Et puis, il faut avoir le courage de le dire : parfois il y a juste une mauvaise foi qui frôle l'escroquerie intellectuelle.

Or, un magistrat, qui a une compétence forcément limitée sur des dossiers aussi spécifiques, se repose essentiellement sur les conclusions d'expertises. Le problème selon moi, c'est l'incompétence de certains experts.

Ma chance dans mon malheur, lorsqu'arriveront les conclusions ineptes de la toute première expertise, c'est le rapport de très bonne qualité de la gendarmerie qui avait fait un excellent travail.

Ce soir-là sur l'A62, la circulation était dense et cela nous aurait facilité les choses si nous avions disposé

1. Au pénal, les expertises sont payées par l'État et au civil par la partie qui en fait la demande.

d'une ou deux dépositions de témoins directs de l'accident. Je pense qu'il y a une vraie réflexion à avoir sur le recueil des témoignages lors des accidents routiers.

Sur autoroute par exemple, personne ne s'arrête. Si vous vous arrêtez à une borne d'appel à 800 mètres de là, vous n'allez pas faire 800 mètres en marche arrière pour revenir sur le lieu de l'accident. En plus personne à la borne ne vous demande votre nom et votre numéro de téléphone. Donc ensuite il sera impossible d'entendre le témoin direct d'un accident ce qui serait si précieux. Souvent les gens ont un comportement un peu égoïste. Peur d'avoir des emmerdements ou simplement de se mettre en retard…

Un jour, j'ai été témoin du suicide d'un piéton sur la rocade de Bordeaux. J'ai laissé mes coordonnées à la gendarmerie qui m'a convoqué un mois plus tard et j'y ai effectivement passé une demi-journée mais j'y tenais. Pour moi, c'est un engagement de témoigner. Une façon d'aider à la manifestation de la vérité. Je voulais qu'on établisse clairement que le piéton s'était bien jeté sous les roues du véhicule !

En l'absence de témoignages directs, confrontés aux déclarations contradictoires des deux conducteurs, nous avons dû nous en remettre aux rapports d'expertise judiciaires de nos fameux experts en accidentologie.

Le rapport n° 1, rédigé par un expert de Montauban, a été remis le 29 janvier 2008. Il concluait à un choc sur la voie rapide de gauche de cette autoroute à 3 voies. Et ce, concluait-il, après que Mme N. eut freiné et donné un violent coup de volant pour quitter la voie lente de droite, zigzaguant sur la voie rapide où elle percutait la glissière du terre-plein central… Il parlait d'une vitesse comprise entre 73 et 89 km/h pour Mme N. et de 110 à 134 km/h pour la Mégane de Michel T.

Nous avons facilement obtenu un second rapport, les incohérences des conclusions de cette première expertise (notamment avec le rapport de la gendarmerie) étaient telles que la juge d'instruction ne pouvait pas faire autrement.

« Basé sur un grand nombre de reconstitutions » et déposé le 2 mars 2009, ce nouveau rapport réalisé par un autre expert de Montauban, excluait un point de choc sur la voie rapide et établissait cette fois que les deux véhicules s'étaient percutés sur la voie centrale. Avec des vitesses évaluées entre 35 et 45 km/h pour la Peugeot 207 et 105 et 115 km/h pour la Mégane. Il concluait que la cause de l'accident était « la vitesse trop faible de la Peugeot 207 sur la voie centrale, de nuit et dans une circulation dense ». Du coup, la Mégane qui, selon lui, arrivait « à une vitesse réglementaire voire inférieure » n'avait pas été en mesure de l'éviter. Cette deuxième expertise, plus cohérente sur la forme, mettait gravement en cause ma cliente. Alors que je m'en ouvrais auprès d'elle, la juge d'instruction finit par me dire : « Soyez heureux que je ne la mette pas en examen pour homicide involontaire, car un enfant est mort ! »

Il me fallait contre-attaquer au plus vite. Aidé par les divergences pour le moins surprenantes entre les deux premiers rapports, j'ai pu, dès le 15 avril 2009, présenter une expertise privée rédigée par un expert de Seine-Maritime.

Non sans avoir taillé en pièces les rapports de ses deux confrères (dont « les contenus sont incohérents avec les constatations des gendarmes »), il concluait lui aussi à un choc intervenu sur la voie centrale. Mais, se basant sur l'angle de l'impact entre les deux voitures, il estimait que la Mégane de M. T. arrivait de biais depuis la voie rapide quand elle a percuté la Peugeot de Stéphanie N. Pour lui, il s'agissait d'un « changement incohérent de trajectoire » : « Il est possible d'affirmer que la Renault Mégane n'était pas maîtrisée. »

Voilà qui éclairait le dossier d'un jour nouveau nettement plus favorable à ma cliente. Je demandais à Mme la Juge d'ordonner une nouvelle expertise. Malheureusement, sa conviction était acquise quant à la responsabilité de ma cliente et elle rejetait ma demande d'acte. Je n'ai plus eu d'autres choix que de saisir la chambre de l'instruction pour obtenir satisfaction. Les magistrats de la cour d'appel ont ordonné à Mme la Juge de procéder à la désignation d'un nouvel expert, afin que soit réalisée une troisième expertise judiciaire. Le 8 juin 2010, les conclusions de ce nouveau rapport rédigé par un expert toulousain confirmaient que la Renault Mégane avait quitté la voie rapide pour se rapprocher « tardivement et par manque de vigilance » de la sortie n° 10 qu'il devait prendre vers Montauban et ce à une vitesse située entre 120 et 140 km/h. D'où un choc de biais qui avait eu lieu sur la voie centrale. Pour lui, le comportement de Michel T. est « la cause principale de l'accident » : « À notre avis, il serait difficile d'incriminer la conductrice du véhicule Peugeot 207 qui venait probablement de ralentir et circulait à une vitesse de l'ordre de 70 km/h afin de s'engager sur la bretelle de la sortie n° 10. »

Nous commencions à y voir plus clair et le comportement fautif de Michel T. devenait de plus en plus évident.

Pourtant, comme si cela ne suffisait pas, une quatrième expertise judiciaire est demandée par la partie adverse dès le surlendemain.

Heureusement pour notre santé mentale à tous, ce cinquième avis, déposé le 21 octobre 2010 par un expert caennais, confirme en tout point le précédent, notamment l'énorme différentiel de vitesse entre les deux véhicules (entre 70 et 80 km/h) et surtout l'absence de responsabilité de Mme N., qui avait diminué sa vitesse sur la voie centrale en raison de « la circulation intense à l'approche de la sortie n° 10 Paris-Limoges-Montauban » !

*

Deux ans et neuf mois plus tard, après la sollicitation de cinq experts différents, les circonstances de cet accident de la circulation, on ne peut plus banal dans la forme, semblaient enfin établies...

À l'issue de cette nouvelle expertise, M. Michel T. qui bénéficiait jusque-là du statut de témoin assisté était notamment mis en examen pour « homicide et blessures involontaires » et « défaut de maîtrise ».

J'obtiendrai le 5 novembre 2013, plus de sept ans après le drame, la condamnation du conducteur devant le tribunal de grande instance de Montauban. Trois mois de prison avec sursis pour une vie arrachée, ça paraît bien peu… Sur le coup, ça a été complètement inaudible pour la famille N. ! Il y aura certes deux ans de mise à l'épreuve sur le sursis mais une suspension de permis de conduire d'un an seulement[1].

Ce qui nous a beaucoup perturbés, c'est qu'il n'y a pas eu la moindre excuse du responsable de la mort de Laurent N. Pire, il a eu un comportement odieux lors de l'audience. Il n'a exprimé aucun remords, comme s'il était persuadé d'être non coupable et que la seule responsable de l'accident était Stéphanie N.

Ça a beaucoup de sens pour les victimes d'entendre quelques mots d'excuses voire de repentir. C'est loin d'être un détail. Ça permet d'apaiser la colère. De faire le deuil. Quand l'individu admet sa responsabilité, il renforce votre statut de victime. Et vous pouvez exprimer un certain soulagement : « En aucune façon, je ne suis responsable de ce qui m'est arrivé. »

Michel T. ne fera pas appel. Heureusement. Le chemin de croix de Stéphanie N. avait été suffisamment long et douloureux comme cela. Si ce combat de sept années contre la culpabilité, la rugosité de l'institution judiciaire, la valse-hésitation des experts et ces interminables montagnes russes émotionnelles nous ont permis de tisser une

1. Concernant l'action civile, le tribunal condamnera M. Michel T. ainsi que son assureur *in solidum* à payer aux parties civiles au titre des divers préjudices la somme de 185 000 euros.

relation unique, la perspective de retourner dans l'arène était difficilement supportable…

Ce qui s'appelle une très mauvaise pioche…

Avoir un de mes clients qui dépose plainte contre moi c'est finalement l'un de mes pires échecs… Et jamais je n'aurais imaginé entrer dans cet incroyable tourbillon judiciaire qui dure depuis huit ans maintenant et n'est pas terminé au moment où j'écris ces lignes.

Au départ, fin 2012, je reçois Julien D.[1] dans nos bureaux parisiens de la rue de Lisbonne. Il m'explique que son frère jumeau est décédé, d'après lui, d'une infection nosocomiale[2].

Ce jour-là, je rencontre un homme charmant, gentil, délicat, que l'on sent affectueux. Il avait un frère jumeau comme mon épouse et lui aussi était fusionnel avec son frère. Nous avons un bel échange…

Autre coïncidence étonnante, je lui dis, et c'est un détail qui aura son importance, que ma femme travaille dans le même groupe de téléphonie que lui.

J'accepte donc le dossier sans me douter une seconde du cauchemar qui m'attend…

1. Le prénom et l'initiale du nom ont été modifiés.
2. C'est-à-dire une infection contractée lors du séjour dans un établissement de santé et qui était absente au moment de l'admission.

Je rencontre de réelles difficultés pour obtenir le dossier médical de son frère.

L'hôpital, comme c'est trop souvent encore le cas, résiste à cette obligation qui pourtant lui incombe légalement.

Après plusieurs mois d'échange de courriers, nous recevons enfin le dossier et déposons une demande d'expertise devant la commission de conciliation et d'indemnisation.

Hélas, le rapport d'expertise ne retient pas l'infection nosocomiale comme cause du décès mais une pathologie initiale sera considérée comme « cause exclusive du décès ». Nous sommes alors en février 2014. Même si je sais que la situation est mal engagée, je suggère à mon client, par courrier, que nous tentions de diligenter une nouvelle expertise. Je lui expose les différentes possibilités.

Quelques semaines après, le 27 mai 2014, il me fait connaître sa réponse, à savoir mettre un terme à la procédure en cours, me demandant la restitution des honoraires d'ores et déjà versés.

Je prends acte de sa position et l'informe d'une évaluation du temps passé pour régler les difficultés comptables dont il me fait état.

Après plusieurs appels téléphoniques de sa part pour obtenir réponse, il sollicite quinze jours plus tard mon bâtonnier afin de lui demander de trancher le litige qui nous oppose.

Pour satisfaire les contraintes d'une telle action, je me dois de lister le temps passé pour défendre ses intérêts (préparer l'expertise, audience devant la commission, préparation des courriers, rendez-vous physiques, rendez-vous téléphoniques).

M. le bâtonnier n'aura pas le temps d'instruire cette contestation et de nous apporter réponse. Julien D. a déjà saisi le président de la cour d'appel, estimant qu'il n'avait pas à patienter davantage.

Devant la cour d'appel, il me demande de justifier des numéros de téléphone auxquels j'ai pu le joindre. Ce que, bien évidemment, je ferai aussitôt.

Finalement, le président de la cour d'appel va lui donner en partie raison et nous devons lui restituer quelques centaines d'euros.

Ce que, vous vous en doutez, je fais immédiatement, espérant mettre enfin un terme à cette histoire aussi abracadabrante que chronophage.

Mais ce n'était pas fini !

À l'été 2015, Julien D. va déposer plainte contre moi auprès du procureur de la République m'accusant d'avoir obtenu son numéro de téléphone de façon irrégulière… et probablement par mon épouse qui travaille chez le même opérateur que lui ou par une connaissance à la gendarmerie comme il le suggère au parquet ! Il dit qu'il a changé de numéro quelques jours avant son renoncement dans ce dossier et qu'il est depuis sur liste rouge !

Alors que c'est lui-même qui a indiqué son numéro à une de mes assistantes pour que je puisse le rappeler...

Le procureur informe donc mon bâtonnier, je m'en explique très simplement et le parquet, en toute logique, finit par classer cette plainte sans suite le 26 octobre 2016...

Là, on pouvait franchement espérer en terminer. Eh bien non !

En fait, il s'est déjà constitué partie civile et dépose plainte contre moi auprès du doyen des juges d'instruction pour avoir, selon lui, collecté des informations à caractère personnel par un moyen déloyal, frauduleux ou illicite.

J'apprends donc qu'il y a une procédure pénale à mon encontre et que la juge d'instruction n'a d'autre choix que d'instruire. Cela ressemble de plus en plus à une histoire de fou.

En septembre 2018, mon épouse reçoit une convocation pour être entendue à la gendarmerie ! Lors de son audition, elle sera interrogée sur ses capacités à rechercher un numéro de téléphone portable... Elle va bien évidemment confirmer qu'à aucun moment je ne l'ai sollicitée pour accomplir une telle démarche.

Deux ans plus tard, au retour de mes congés d'été 2020, je trouve un avis de passage pour une lettre recommandée. C'est une convocation devant une juge d'instruction pour le 18 septembre 2020. Convocation en vue de ma mise en examen, rien que ça !, une convocation incontournable puisque mon ex-client s'est constitué partie civile.

Et maintenant je peux dire qu'au tribunal et sans robe, on se sent tout nu. Bien évidemment, Mme la juge sera tout à fait respectueuse à mon égard mais va cependant instruire. Je ne suis pas mis en examen mais placé sous le statut de témoin assisté.

Il m'est donc reproché d'avoir « collecté des informations à caractère personnel par un moyen frauduleux, déloyal ou illicite ». En clair, d'être « entré dans sa vie privée » en obtenant son numéro de téléphone.

Cette escalade quasi ubuesque me ferait presque rire si elle n'était pas en fait à pleurer. Si je peux comprendre la peine de cet homme suite au décès de son frère jumeau, j'ai du mal à percevoir les motifs de sa colère au long cours à mon endroit.

Mais rassurez-vous, la justice française n'en a pas fini avec ce dossier palpitant et tellement essentiel puisqu'à ce jour, l'instruction est toujours en cours…

Chapitre 9

Au cœur de l'indemnisation…

La difficile question de la responsabilité

Comme vous l'avez compris, dans chacun de mes dossiers, qu'il s'agisse d'accidents corporels ou d'erreurs médicales, la question de la responsabilité est primordiale.

En défense de mes clients, je me retrouve en première ligne face à l'assureur de la partie adverse. Alors que le drame est encore très présent, que les victimes quand elles ont survécu sont en pleine souffrance, les questions se bousculent et sont posées bien souvent sans précaution ni pudeur. Qui a tardé à déclencher la césarienne et pourquoi ? Qui a changé brusquement de voie sur l'autoroute ? Qui a embauché telle médecin dépendante à l'alcool ? Qui a confondu des centimètres et des millimètres au moment de régler l'appareil de radiothérapie ? Qui a pris des risques inconsidérés lors d'un banal élagage ?

Il nous faut alors à grand renfort d'investigations et d'expertises reconstituer le théâtre d'un drame et les actes de chacun des protagonistes. Sachant que l'autre partie effectuera la même recherche des circonstances du

« sinistre », mais avec un prisme souvent différent, en traquant tous les éléments qui permettraient d'engager la responsabilité de la « victime » et donc de diminuer voire d'écarter totalement son indemnisation.

Comme nous le verrons dans les trois cas que j'ai choisi de vous raconter dans ce chapitre, un simple détail de chronologie, un fait qui au départ semblait anodin, un mot prononcé lors d'une déposition peuvent faire basculer un dossier, compromettre les réparations financières et ajouter de la souffrance à la souffrance.

C'est dire si cette difficile question de la responsabilité nous occupe et nous préoccupe tout au long de nos procédures, lesquelles durent parfois huit à dix années. Mais ce n'est qu'au prix de ces longues batailles que nous pouvons permettre à nos clients de surmonter, au moins partiellement, le bouleversement souvent irréversible de leur existence.

*

On est responsable de quoi quand on a quinze ans et qu'on chahute dans sa chambre avec un copain ?

Nous sommes à Mercury au nord-ouest d'Albertville en Savoie. Au cœur des vacances de Noël 2009, le 29 décembre, deux garçons de quinze ans s'amusent dans la chambre de Timothée R. [1].

1. Le prénom et l'initiale du nom ont été modifiés.

Les ados se tiennent dos à dos par les bras. Soudain ils perdent l'équilibre. Timothée chute sur son lit, la tête la première, avant que Maxime ne bascule à son tour, tombant de tout son poids – et en porte-à-faux – sur le dos de son ami.

Voyant que Timothée est au plus mal, Maxime tire son corps pour l'asseoir devant le lit avant de prévenir sa maman, aggravant sans le savoir la situation.

Les blessures de Timothée sont gravissimes : fracture de la troisième cervicale, luxation des cervicales C2, C3 et C4. Il est aussitôt plongé dans une tétraplégie complète.

Le jeune garçon est rapidement transporté au CHU de Grenoble par les secours mais aucune des interventions chirurgicales ne permettra de redonner la moindre mobilité au corps de l'adolescent.

Les deux familles sont très amies mais la première réaction de l'assureur en responsabilité civile des parents du jeune Maxime (attitude qu'ils garderont jusqu'à la décision des magistrats en mars 2016) va créer un clivage entre elles et mettra en échec la discussion à l'amiable. Selon la compagnie d'assurances, les enfants étaient « engagés dans un jeu dangereux » et « la participation active de Timothée au jeu ayant occasionné le dommage » implique une réduction du droit à indemnisation.

Ce conflit avec l'assureur sera redoutable pour leurs relations. Les R. en ont voulu à Maxime de ne pas avoir exprimé plus clairement sa propre faute. Mais Maxime comme ses parents ne seront plus en mesure de parler librement dès lors que leur assureur sera descendu dans l'arène.

L'assureur va proposer que l'indemnisation soit réduite au quart du préjudice. En d'autres termes, pour eux, Timothée est aux trois quarts responsable de son accident au motif qu'il a accepté de participer à une activité dangereuse.

Heureusement, Timothée est entouré d'une famille unie. La maman et son fils passeront neuf mois à Cerbère, un centre de rééducation près de Perpignan.

J'ai pu mesurer, au fil de nos rencontres, un amour familial remarquable, une grande solidarité et surtout des perspectives d'avenir dans leurs propos. Une fois le premier choc passé, ils ont très vite conçu qu'après l'accident, il y aurait une autre vie !

Après cette acception salvatrice, il y a eu la volonté de donner le maximum de raisons de vivre à un adolescent de quinze ans devenu tétraplégie et qui devait actionner son fauteuil électrique avec une mentonnière.

Sachant que, hélas, un tel état de santé ne peut que s'aggraver. Le corps humain n'est pas fait pour rester assis ou allongé. Le moindre pépin de santé, même un simple rhume, est démultiplié. Timothée souffrira d'ailleurs de graves pneumopathies et devra être placé la nuit sous assistance respiratoire.

La responsabilité civile des parents du jeune Maxime était plafonnée à 8 millions d'euros. Vu la gravité des séquelles de Timothée, ce plafond s'avérera insuffisant. Rien que pour la tierce personne, nécessaire 24 heures sur

24, la somme annuelle sera évaluée à 154 000 euros, ce qui, capitalisé sur l'espérance de vie de Timothée, donnera une somme totale de 6,3 millions d'euros.

Il nous a fallu écarter la résistance obstinée de l'assureur qui mettait tout en avant pour s'exonérer et limiter à 25 % l'indemnisation de Timothée et de ses parents.

En mars 2016, le tribunal de grande instance de Lyon estimera que le terme « prise de catch » n'apparaît dans aucune déclaration des deux enfants et que cette expression « peut tout à fait avoir été employée pour expliquer la position des enfants lors de l'accident sans faire référence à une action de combat de catch ».

Pour les magistrats, « il n'est pas démontré une prise de risque par la victime de nature à exclure même partiellement la responsabilité de Maxime V. dans la survenue de l'accident » : « Les parents du jeune garçon seront donc tenus d'indemniser l'intégralité du préjudice causé. »

L'indemnisation totale attribuée par le tribunal sera de 9,4 millions d'euros. La différence entre le plafond de la responsabilité civile des parents de Maxime et cette somme passera par pertes et profits. La famille de Timothée a accepté d'y renoncer sachant que de toute façon elle ne serait jamais parvenue à la recouvrir...

L'essentiel étant acquis, nous avions gagné ce procès en responsabilité et assuré à Timothée et à ses proches les moyens financiers d'organiser et de pérenniser la nouvelle vie d'un adolescent brisé net à l'aube de sa vie d'adulte.

Une mort loin des regards
Livré à lui-même, Simon se noie…

Ce 2 juillet 2018, un groupe de jeunes handicapés de l'Institut se rend sur le plan d'eau du Teich dans le bassin d'Arcachon. Après avoir visité la réserve ornithologique de la commune le matin puis pique-niqué, tout le monde attend la baignade avec impatience.

Les dix jeunes sont encadrés par cinq accompagnatrices dont trois éducatrices spécialisées, une aide médico-psychologique et une éducatrice spécialisée en formation. Simon, vingt-trois ans, qui a contracté une méningite à l'âge de quinze jours, fait partie des plus valides, certains autres sont en fauteuil roulant. Il est sujet à des crises d'épilepsie particulières : sans aucun signe avant-coureur, il se met en *stand-by*, comme s'il était soudain déconnecté.

Cela fait trois ans que Simon est interne dans un établissement spécialisé dans la banlieue bordelaise.

Comme il adore nager, et même s'il est un excellent nageur, ses parents ont transmis à l'établissement dès septembre 2016 un certificat médical du neurologue qui le suit lequel « certifie que l'état de santé de Simon est compatible avec la pratique de la natation sous surveillance visuelle constante ». « Sous surveillance visuelle constante » ! Personne, parmi l'encadrement ayant à s'occuper de Simon, n'est censé ignorer ce point crucial figurant dans le dossier médical du jeune homme.

Normalement, ce plan d'eau doit être surveillé par deux maîtres-nageurs sauveteurs (MNS). Une monitrice s'étant blessée au pied le matin même, la municipalité a fait placer une ardoise sur la cabane des moniteurs sur laquelle est inscrit à la craie : « Baignade non surveillée aujourd'hui. » D'autre part, l'habituel pavillon vert signifiant le début de la surveillance n'a pas été hissé en haut du mât.

Autant d'éléments qui auraient dû interpeller les accompagnatrices et les convaincre d'annuler la baignade...

Pour cette sortie au bord de l'eau, l'Institut a par ailleurs omis d'avertir la municipalité comme le veut la règle. Un oubli qui sera d'ailleurs signalé à l'une des accompagnatrices par le seul surveillant présent sur la base.

Comme l'expliquera Alexandre Debray, le directeur général des services de la ville du Teich : « Nous n'avions aucune information sur la pathologie des jeunes présents sur le bassin. Je ne suis pas certain que nous aurions autorisé la baignade sachant la pathologie épileptique avec absences du jeune homme (Simon). »

Un premier bain se passe bien. Puis sept jeunes y retournent avec seulement deux accompagnatrices pendant que les trois autres s'occupent des deux restés sur la plage. Là est l'erreur.

En effet, tous ces jeunes exigent une attention particulière du fait de pathologies avec des séquelles lourdes.

À un moment, on ne trouve plus Simon. Sans surveillance spécifique lors de sa seconde baignade, il est parti nager seul et a probablement fait une crise.

À 16 heures, la brigade de gendarmerie de Gujan-Mestras est alertée. Quand les gendarmes arrivent sur le plan d'eau, ils constatent qu'une chaîne humaine a été mise en place par les pompiers. En quelques minutes, le corps inanimé du jeune homme est retrouvé dans l'eau, à un endroit où la profondeur n'est que d'un mètre.

Simon ne pourra être ranimé, son décès est prononcé une heure plus tard. Il est mort par noyade.

Dans les jours qui suivront, les parents de Simon vont déposer plainte et me confier la défense de leurs intérêts.

Pourtant, le 15 janvier 2019, le procureur de Bordeaux va classer sans suite la plainte des parents de Simon estimant que les faits et circonstances ne sont pas clairement établis. Il considère que les preuves ne sont pas suffisantes pour que l'infraction soit constituée et des poursuites engagées contre l'Institut. Pour lui, c'est un accident ! Pour moi, c'est une décision incompréhensible.

D'autant qu'à l'issue de l'enquête préliminaire, il est spécifié dans le procès-verbal de synthèse « qu'aucun des éducateurs présents ne remet en cause sa responsabilité concernant une défaillance liée à la surveillance du jeune qui s'est noyé… »

Cruelle ironie du sort, Isabelle et Jean-Philippe, les parents du jeune homme, recevront le courrier du parquet le jour de l'anniversaire de leur fils disparu.

Ils sont ravagés. Et très en colère ! Pour eux, c'était le combat de toute une vie d'élever leur enfant handicapé, de l'avoir aidé toutes ses années à envisager une vie presque normale et à entamer des études supérieures.

Ils supportent mal les lenteurs de la justice et veulent mettre tous les atouts de leur côté pour obtenir vérité et réparation et faire reconnaître la responsabilité de l'Institut. Je sens bien qu'ils ne vivent plus que pour ça !

Quelques mois plus tard, ils nous ont d'ailleurs demandé de travailler en collaboration avec l'un des pénalistes les plus connus de notre région.

Pour eux, il est hors de question d'accepter ce classement sans suite : « La baignade n'était plus surveillée, et un panneau l'indiquait justement, l'Institut aurait dû faire demi-tour et annuler la sortie ! [...] Il y a des responsables qui doivent rendre des comptes afin que cela ne se reproduise plus [1]. »

Le jeudi 7 février 2019, nous déposons une plainte contre X pour « homicide involontaire » avec constitution de parties civiles. Ce qui a pour effet de déclencher l'ouverture d'une instruction. Un expert a été désigné pour étudier tous les éléments du dossier médical de Simon. Il n'y a aucun doute, il est bien mort par noyade après avoir été victime d'une crise d'épilepsie.

1. *Sud-Ouest*, 8 février 2019.

Mais le juge d'instruction s'inquiète, lui, d'une contre-indication à la pratique de la natation… Simon n'était peut-être pas éligible à ce genre de loisirs ?

Certaines accompagnatrices ont dit qu'elles ne connaissaient pas le problème de santé de Simon. Or c'est impossible, car tous les certificats médicaux avaient été transmis. Il revenait donc à l'Institut d'informer son personnel. Lors des différentes auditions de l'enquête préliminaire, tous semblaient effectivement disposer de niveaux d'informations très variables concernant les handicaps des différents jeunes sous leur responsabilité ce jour-là.

La question que l'on peut en revanche se poser est : est-il légitime que ce jeune homme se baigne ailleurs que dans une piscine et surveillé en permanence par un moniteur ?

Toujours aussi impatients de voir les responsables poursuivis, les parents de Simon, qui ont su gérer seuls pendant des années le handicap de leur fils, n'acceptent pas les erreurs de surveillance commises par ces professionnels.

La situation prendra à un moment un tour assez étonnant. Certains parents d'enfants à mobilité réduite n'ont pas hésité à me manifester leur mécontentement au motif que cela pourra avoir des conséquences sur l'organisation d'activités futures pour leurs enfants.

Alors, oui le zéro risque n'existe pas. Mais dans le cas présent, vous avez des parents qui, les yeux fermés, ont confié leur enfant handicapé à une structure réputée et cet enfant est décédé à cause du défaut de surveillance qui avait été spécifiquement exigée par le corps médical. Cela n'est pas acceptable !

Il faut appliquer, sans exception aucune, une surveillance renforcée pour ces personnes ultra-fragiles.

Pour moi, le décès de Simon n'est pas la conséquence d'une fatalité mais bien d'un dysfonctionnement. Il en va de la responsabilité exclusive des personnes qui ont accepté de le prendre en charge.

Ni moi ni la famille de Quentin ne tolérerons une autre issue dans cette procédure[1]…

Au summum de l'irresponsabilité
Romain sauvé par le gong…

L'histoire de Romain V.[2], un jeune rugbyman du sud-est de la France, est tout simplement invraisemblable. Dans toute ma carrière, c'est sûrement le client qui va cumuler le plus grand nombre d'imprudences qui auraient pu lui interdire toute indemnisation. Il y en a tant qui ont été commises avant qu'il ne soit renversé par une voiture : Romain traverse une quatre voies mouillée à pied et de nuit, habillé en sombre, après avoir consommé de l'alcool, fumé du cannabis et pris de la cocaïne. Difficile de faire mieux… ou plutôt difficile de faire pire !

---

1. La juge d'instruction a décidé, en ce début d'année 2021, de mettre en examen l'établissement et deux accompagnateurs.

2. Le prénom et l'initiale du nom ont été modifiés.

Nous sommes un samedi de décembre. Romain participe à un anniversaire qui se termine en boîte de nuit. Au cours de la soirée, le jeune homme s'administre un redoutable cocktail alcool[1] + cannabis + cocaïne.

Lorsqu'il veut rentrer chez lui, un peu après 4 heures du matin, et refusant intelligemment de conduire son véhicule, il téléphone à son épouse, couchée depuis plusieurs heures, qui accepte de venir le récupérer.

Au fond du parking de la boîte qui donne sur une départementale, il y a un grillage, puis un fossé et un muret d'un mètre pour séparer les deux fois deux voies.

Pour éviter à son épouse de faire tout un détour, Romain veut se rendre de l'autre côté de la voie rapide pour se placer dans le sens Perpignan-Canet. Le passage souterrain qui lui aurait permis de traverser sans prendre de risques la départementale étant réputé dangereux, car non éclairé et squatté par des individus peu fréquentables, il entreprend de franchir le grillage puis de traverser les voies à pied. Il est habillé de sombre, il fait nuit noire. Il est environ 4 h 50 du matin. Alors qu'il tente de franchir la dernière voie, il est violemment percuté par l'Opel Corsa de Xavier D.[2] lequel, sur une route mouillée, s'est montré incapable de l'éviter bien qu'il ait aperçu le véhicule quelques secondes avant le choc !

Lorsque le fêtard est admis au centre hospitalier, il lui est diagnostiqué un « polytraumatisme sévère »

1. Quatre heures après l'accident, son taux d'alcoolémie sanguin était encore de 2,77 mg/l.

2. Le prénom et l'initiale du nom ont été modifiés.

comprenant un grave traumatisme crânien, un traumatisme thoracique et abdominal, ainsi qu'un traumatisme rachidien à l'origine d'une paraplégie qui lui fera perdre définitivement l'usage de ses jambes.

Le jour même, Romain subira un certain nombre de gestes chirurgicaux d'urgence. Un mois plus tard, il rejoindra un centre de rééducation, près de la frontière espagnole, où il restera quatre mois avant de pouvoir rejoindre son domicile.

La loi Badinter de 1985 protège les piétons dans ce genre de circonstances à moins d'une « faute inexcusable » qui doit être la « cause exclusive » de l'accident. Sauf que dans son grand malheur, Romain aura tout de même un petit peu de chance : les analyses révéleront que le conducteur qui l'a renversé, Xavier D., avait récemment consommé du cannabis, de la cocaïne et avait, trois heures après l'accident, un taux d'alcoolémie de 0,38 g/l au lieu des 0,25 autorisés. On peut donc supposer que cela avait altéré sa perception et ses réflexes, qu'il n'était pas vraiment en mesure d'éviter l'accident.

De fait, les excès de Romain V., fautes que l'on peut considérer « inexcusables », ne sont pas la cause « exclusive » de son accident.

Pour cela, Xavier D. sera en première instance condamné pour « blessures involontaires par conducteur ayant fait usage de stupéfiants et sous l'empire d'un état alcoolique » et à l'annulation de son permis de conduire avec interdiction d'en solliciter un nouveau avant un délai de six mois. En appel, les magistrats durciront le verdict et ajouteront une peine de six mois de prison avec sursis !

Même si cela ne lui rendra pas l'usage de ses jambes, ce qui est d'autant plus dramatique pour un grand sportif comme lui, le coup fatal était passé très près : si on n'avait pas identifié l'usage de drogue et un taux d'alcoolémie supérieur au taux légal, il n'aurait eu aucune chance d'être indemnisé et n'aurait pu rebâtir sa vie dans de bonnes conditions matérielles.

Je suis persuadé que l'assureur s'était imaginé quelques instants ne rien devoir verser vu les fautes commises par Romain V. Alors disons que, dans un second temps, ils se sont montrés assez mauvais perdants. Il nous a fallu une procédure de plus de quatre ans pour obtenir réparation de la totalité des préjudices.

Grâce à cela, il a pu reconstruire sa vie. Il a continué à s'adonner à sa passion, le rugby, mais en fauteuil désormais. Aujourd'hui, il est à nouveau papa et forme une belle famille, avec son épouse qui ne lui a jamais lâché la main.

Et je sais qu'au fond de lui, Romain a bien conscience que, dans les premières heures embrumées de ce dimanche 17 décembre, il a vraiment joué avec sa bonne étoile.

Chapitre 10

L'affaire Walter : l'enquête impossible d'un père déterminé

Au plus profond du déni

Il faudrait sans doute un livre entier pour raconter les fonds et les doubles-fonds de cette histoire dramatique et abracadabrante. Une affaire d'erreur médicale digne d'un roman policier bien glauque.

Un polar sanglant aux multiples rebondissements dont le héros est un père de famille qui, jusqu'à son dernier souffle, refusera la thèse bancale qu'on aurait voulu lui faire avaler concernant le décès de son fils Maxime, quinze ans, jeune espoir du cyclo-cross français, après une violente chute lors d'une séance d'entraînement.

Ce chauffeur de tramway alsacien va, à compter de l'hospitalisation de Maxime le dimanche 21 septembre 2008 en fin de matinée, se transformer en détective privé, n'hésitant pas, au fil des années d'instruction, à se grimer avec une fausse barbe et des lunettes pour récupérer des indices ou identifier des protagonistes.

Une sorte d'inspecteur Columbo qui ne paye pas de mine mais auquel rien n'échappe jamais. Ni les visages de ceux qui étaient présents pour s'occuper de son fils au sein du CHU de Hautepierre à Strasbourg, ni la moindre phrase prononcée par les soignants, ni le nombre de poches de sang qui seront transfusées à son fils, ni aucun détail de ces soixante heures en enfer.

Le genre d'adversaire que l'on a toujours tort de sous-estimer.

La première fois que Thierry Walter est venu me voir à mon cabinet parisien, il m'a parlé plus d'une heure sans quasiment s'arrêter, me soumettant à un bombardement intensif d'informations et de détails. Me répétant autant qu'il le pouvait qu'il avait la certitude qu'on avait délibérément laissé mourir son fils à l'hôpital. Je l'avoue : je me suis demandé à cet instant si je n'étais pas tombé sur un fou furieux…

En effet, il m'arrive de recevoir des gens qui me déballent des histoires invraisemblables de façon obsessionnelle et je dois parfois, après avoir évalué leur crédibilité et la solidité de leur dossier, en écarter certains. Égarées par la douleur, encore dans la colère et loin de l'acceptation, certaines personnes ont besoin de trouver et de nommer un responsable. Soudain un petit dysfonctionnement va prendre une place énorme. Je dois alors savoir s'il s'agit d'une idée fixe, d'un délire complotiste ou d'un dysfonctionnement réel qui justifierait des poursuites pénales.

Thierry Walter a fini par me convaincre et j'ai décidé de lui faire confiance. Et je dois bien reconnaître que tout ce qu'il m'a jeté au visage ce jour-là, à m'en laisser groggy, s'est finalement révélé exact au fil des procédures, des instructions et des expertises.

*

Il me faut, à cet instant de mon récit, m'appuyer sur la chronologie des faits pour que vous réalisiez à quel point ce qui s'est passé dans cet hôpital entre le dimanche 21 septembre 2008 11 h 26 et le mardi 23 au soir à 23 h 55, heure du décès de Maxime, est proprement révoltant.

Tout débute comme souvent par un simple grain de sable qui se glisse dans le mécanisme de votre destin. Là, il s'agit d'une petite bosse que Maxime n'a pas vue dans sa balade de décrassage ce dimanche matin vers 10 h 30 en compagnie de son père dans la forêt du Neuhoff au sud de Strasbourg. Il retombe violemment avec son abdomen sur son guidon et chute au sol. Il se plaint aussitôt de violentes douleurs abdominales et ses proches alertent le SAMU qui le conduit au CHU de Strasbourg où il est admis à 11 h 26. Très vite une échographie révèle une lacération et une contusion de la rate. Dès les premiers résultats, on lui annonce la nécessité d'opérer son fils pour la lui retirer. L'interne de garde en chirurgie infantile, Mme J., suit la recommandation du chirurgien d'astreinte, le docteur Raphaël Moog et fait réaliser un scanner qui non seulement confirme la lacération de la rate mais révèle un saignement actif ainsi qu'un hémopéritoine[1] massif intra-abdominal. À 14 h 06, Mme J. en informe le docteur Moog qui est toujours à son domicile. Le médecin, sans se déplacer, opte pour un traitement non opératoire axé sur un remplissage vasculaire par transfusions sanguines.

Choix qui surprend jusqu'au personnel soignant : « J'ai laissé le bloc ouvert car il ne pourra faire autrement que de l'opérer » dit, lors du changement de service, l'infirmière qui l'a préparé pour l'infirmière de relève.

Maxime est transféré dans le service de réanimation médico-chirurgicale pédiatrique sous la responsabilité du cardio-pédiatre de garde ce jour-là.

Bientôt, Maxime vomit du sang digéré et une sonde naso-gastrique lui est posée. Le taux anormalement faible d'hémoglobine révèle une hémorragie et la médecin demande à Mme J. de téléphoner à nouveau au docteur Moog. Celui-ci ne répond pas à 15 h 34 mais la rappelle à 15 h 51 pour lui confirmer l'abstention chirurgicale et la poursuite des transfusions.

Alors qu'il assiste impuissant aux souffrances de son fils, Thierry Walter retient chaque phrase entendue, photographie dans sa tête le visage de chaque protagoniste. Son cerveau en surchauffe tente de comprendre cette situation qui semble lui échapper…

1. Un épanchement de sang dans la cavité péritonéale qui survient en cas de rupture d'un viscère ou d'un vaisseau sanguin contenu dans cette cavité ou contigu à sa paroi.

Tout au long de l'après-midi, la situation empire. Maxime se plaint de plus en plus de ses douleurs abdominales, il a le ventre gonflé, ses jambes le font souffrir. En fin d'après-midi, ses bilans sanguins révèlent un début d'insuffisance rénale ainsi qu'une hyperkaliémie, c'est-à-dire un excès de potassium dans le plasma sanguin, qui peut entraîner de graves troubles cardiaques.

C'est un peu au-delà de 18 h 30 que le docteur Moog viendra enfin à l'hôpital voir son jeune patient (et non pas vers 16 heures comme il le déclarera tout au long de l'enquête).

Malgré les nombreux signaux d'une situation qui dégénère, il va maintenir son choix initial et en informe Thierry Walter et son épouse Caroline.

Thierry Walter a vu que le docteur Moog, dont il attend la venue depuis près de sept heures, est entré dans la chambre de Maxime... Voyant son fils souffrir le martyre, Thierry s'accroche avec le chirurgien auquel il demande de procéder à l'ablation de la rate de son fils, sachant que celle-ci est un organe non vital.

Pendant que Maxime, dont les douleurs ne font qu'augmenter, supplie : « Opérez-moi !... », ce père fou d'inquiétude interpelle le médecin :

« Vous plaisantez ? Vous avez vu la souffrance de mon fils, il faut l'opérer tout de suite !

— Vous êtes qui, monsieur ?

— Je suis son père !

— Quel est votre métier ?

— Moi, je suis chauffeur de tramway, mais mon ami médecin traitant…

— Eh bien moi, je suis chirurgien !

Sur cet échange peu amène et ce manque d'empathie affiché face à un père implorant, le chirurgien décide de rentrer chez lui…

Que faire un dimanche soir ? Faut-il le transporter ailleurs ? Vers qui se retourner ? La seule chose à faire aurait été d'appeler tous ses contacts pour essayer de faire venir un autre chirurgien, mais Thierry ne dispose pas de ce genre de réseau. Il est condamné à faire confiance au docteur Moog. Ou en tout cas à s'incliner devant sa décision…

L'état de Maxime continue de se dégrader tout au long de la soirée malgré le rythme soutenu des transfusions[1]. Il se plaint de sensations de fourmillement et de brûlure au niveau des jambes et ne parvient plus à uriner, si bien que le médecin de garde lui pose une sonde urinaire.

En fin de soirée, son taux d'hémoglobine chute encore et les douleurs s'intensifient. Maxime perd connaissance.

Inquiété par la tournure des événements, le médecin de garde en informe l'anesthésiste de garde qui appelle le docteur Moog chez lui à 0 h 06 pour lui suggérer de venir opérer Maxime. Sans se déplacer, le chirurgien

1. Sans oublier que comme le révélera l'instruction, « chaque poche de sang était passée en dix minutes » ce qui se fait « normalement en une heure ».

décide de recourir à une embolisation[1] de la lésion hémorragique à la rate. C'est un chirurgien de l'hôpital civil de Strasbourg qui se déplace pour réaliser ce geste à compter d'une heure du matin.

Mais, alors que les transfusions se poursuivent, la mauvaise revascularisation des membres inférieurs ainsi que le gonflement constant de l'abdomen de Maxime alarment les médecins de garde. Rappelé par l'anesthésiste, le docteur Moog se déplace tout de même pour constater la situation mais – de façon de plus en plus déroutante – s'obstine dans son choix de ne pas opérer Maxime.

La tension artérielle et le rythme cardiaque de l'adolescent restent anormalement élevés. À 5 h 30, le docteur Moog est rappelé. Il décide de procéder à l'évacuation chirurgicale de l'hématome intra-abdominal. Au cours de l'incision de la paroi abdominale entre 3 et 6 litres de sang sont retirés selon les versions. Au cours de cette opération entre 6 heures et 7 h 10 du matin, Maxime fait un arrêt cardio-respiratoire. N'étant toujours pas décidé à procéder à l'ablation de la rate, le chirurgien met en place un drain d'évacuation du sang et referme la paroi abdominalc…

Divers saignements persistent et le rythme des perfusions se poursuit alors que les limites initialement fixées par le docteur Moog ont été largement dépassées déjà.

---

1. Il s'agit d'obstruer le vaisseau sanguin par l'intérieur à l'aide d'une substance artificielle comme des coils (petites spires de métal) ou de petites billes en polymères synthétiques.

Le rythme cardiaque de l'adolescent devient anormalement bas, Maxime fait un arrêt cardiaque. Le nouvel anesthésiste commence un massage cardiaque alors que le chef du service de réanimation médico-chirurgicale pédiatrique alerte de nouveau le docteur Moog qui décide de reprendre Maxime au bloc vers 10 h 15.

La situation semble alors suffisamment hors de contrôle pour que le professeur B., chef du service de chirurgie pédiatrique, interrompe une opération en cours dans un bloc voisin pour se rendre dans la salle d'opération du docteur Moog. Il constate que les tissus de Maxime sont marbrés, qu'il dégage une forte odeur et décèle une suspicion d'infarctus mésentérique[1].

Il propose alors au docteur Moog de procéder lui-même à l'ablation de la rate. Opération assez simple qu'il termine vers 11 h 50. Une hémodialyse[2] est entreprise afin de traiter l'hyperkaliémie et l'insuffisance rénale.

En cette fin de matinée, Maxime est aréactif et comateux.

Dans la journée du mardi 23, l'état hémodynamique (rythme cardiaque, tension artérielle) est maintenu avec de l'adrénaline à forte dose et de nouvelles perfusions. Un syndrome de détresse respiratoire aiguë fait son

1. L'infarctus mésentérique est une urgence vitale qui est l'équivalent, pour l'intestin, de l'AVC pour le cerveau ou de l'infarctus pour le cœur.

2. Filtrage du sang dans un circuit extracorporel qui permet de retenir les déchets que les reins ne parviennent plus à filtrer.

apparition. L'ablation de la rate, bien trop tardive, n'a rien réglé.

Dans la soirée, le rythme cardiaque de Maxime est anormalement lent. Il fait un premier arrêt cardiaque qui est récupéré. Une heure plus tard, un nouvel arrêt cardiaque s'avérera irréversible.

Maxime est déclaré décédé à 23 h 55…

*

À cet instant, pardonnez-moi l'expression, Thierry Walter ne pouvait que devenir dingue. D'autant qu'au moment du décès de Maxime, sa femme et lui reçoivent chez eux le maillot de la première sélection en équipe de France espoir de leur fils…

Dès le lendemain, mercredi 24 septembre, Caroline et Thierry Walter déposent une plainte contre X pour « homicide involontaire ». Après de nombreuses investigations, l'information judiciaire aboutira le 3 juillet 2014 à la mise en examen et « au renvoi devant le tribunal correctionnel du chef d'homicide involontaire » du docteur Raphaël Moog dont « la série de négligences » est considérée comme « la cause directe, essentielle et déterminante de la mort de Maxime Walter, le privant de toute chance de survie… »

Trois expertises judiciaires se révéleront tout aussi accablantes pour Raphaël Moog.

La première sera effectuée par les professeurs Coudane et Grosdidier à la demande du tribunal correctionnel de Strasbourg et rédigée en avril 2009. Les deux médecins experts concluront que, du choix d'un protocole opératoire par téléphone sans se déplacer le dimanche à 14 h 06 jusqu'au refus répété de procéder à l'ablation de la rate du patient (notamment dès la nuit du dimanche puis aux premières heures du lundi), le docteur Moog « a contribué de façon directe au décès de Maxime Walter en omettant de prendre les mesures adéquates permettant de l'éviter. »

Ils parleront « d'une faute d'imprudence et de négligence » et iront jusqu'à s'interroger sur les compétences et les qualifications du docteur Moog.

La deuxième expertise, au civil cette fois, sera réalisée par les docteurs Hubinois et Sauvageon à la demande du président de la Commission régionale de conciliation et d'indemnisation (CRCI) de Lorraine et rédigée en juillet 2010. Elle souligne d'abord que la mortalité de ce type de traumatisme « transporté rapidement dans un établissement universitaire ne dépasse pas 5 % » et conclut, elle aussi, à « une imputabilité du décès par non-respect des règles de l'art dans la prise en charge de Maxime Walter ».

Le docteur Moog ayant contesté les conclusions du premier rapport dans le cadre de la procédure pénale, une nouvelle expertise est demandée par les magistrats strasbourgeois et confiée aux professeurs Gouillat, Mure et Desmonts. Elle sera rédigée en mai 2011 et aboutira au même constat implacable : suite au refus du chirurgien d'intervenir de façon opératoire au cours de l'après-midi du dimanche, la probabilité de décès était de 100 % !

Saisi dès février 2011 par Thierry et Caroline Walter, le conseil départemental du Bas-Rhin de l'ordre des médecins, réuni le 5 septembre 2016, ne révélera en revanche « aucune déviance avérée au code de déontologie médicale ». Pour l'instance alsacienne, aucune faute n'est donc imputable au docteur Moog.

D'autres, au sein de la corporation médicale mais à bonne distance de l'Alsace, se montreront, heureusement, plus soucieux de justice et plus vigilants. En effet, une plainte du conseil de l'ordre national en mars 2017 sera instruite par le conseil régional de Bourgogne. Ses conclusions seront accablantes pour le praticien. Pour l'instance, « par son attitude constante et obstinée de n'envisager qu'un traitement non opératoire [le docteur Moog] a privé le jeune Walter de toute chance de survie ». Le 22 septembre 2017, le médecin se verra sanctionné d'une interdiction d'exercer d'une durée de trois ans dont deux avec sursis assorti. Dans un cruel article deux, ses confrères décident d'y ajouter « l'obligation de suivre une formation en matière de prise en charge des traumatismes de la rate ». Sans surprise, le docteur Moog a, en janvier 2018, saisi la chambre nationale de l'ordre des médecins. Cette dernière, sans même nous convoquer, a réduit la peine du praticien à deux mois assortie de sursis. Je vois dans cette décision le triomphe du corporatisme et de certains réseaux…

*

Lors de son procès devant le tribunal correctionnel de Strasbourg fin mars 2015 qui se déroulera dans une atmosphère électrique, le docteur Moog sera condamné à douze mois de prison avec sursis. Peine qui ne sera assortie d'aucune interdiction d'exercer, le tribunal prenant en compte que le chirurgien, qui effectue plus de 600 opérations par an, n'a été impliqué dans aucun autre accident grave.

Je rappellerai pour ma part, lors du deuxième jour d'audience, qu'au cours de son calvaire de soixante heures, Maxime s'est vu mourir, qu'il va même supplier à plusieurs reprises qu'on l'achève, qu'on mette fin à ses souffrances. Pour cette raison, je demanderai au tribunal une condamnation exemplaire et « une indemnisation financière conséquente pour le préjudice de souffrance endurée par Maxime et pour la souffrance morale de se voir mourir » de même qu'un préjudice d'accompagnement pour chacun des parents.

Tout au long de ces trois jours de procès, certains témoins seront, par ailleurs, frappés par la morgue et la froideur du prévenu, voire par son manque d'empathie. Mais le docteur Moog estime qu'il a agi dans les règles de l'art et ne voit pas ce qu'on a à lui reprocher…

Toutes les parties feront appel de ce premier jugement : la famille de Maxime, le docteur Moog ainsi que le procureur général. Et la cour d'appel de Colmar rendra le 14 septembre 2016 un arrêt similaire au jugement, à ceci près que la peine de prison avec sursis sera alourdie et passera de 12 à 15 mois.

Les magistrats, en première instance comme en appel, vont se déclarer incompétents pour statuer sur les demandes indemnitaires, car la faute commise par le médecin, agent de la fonction publique, l'a été « dans l'exercice de ses fonctions », et n'est pas « détachable de celles-ci ». C'est donc le tribunal administratif de Strasbourg qui, le 22 janvier 2019, condamnera les hôpitaux universitaires de Strasbourg à verser 220 000 euros à la famille Walter pour indemniser le préjudice d'affection des parents, des sœurs et des grands-parents.

*

Mais, au-delà des sanctions judiciaires, de la valse-hésitation de l'ordre des médecins alsacien, ce qui nous est rapidement apparu, à Thierry Walter et à moi, c'est que les comportements du docteur Moog n'étaient sans doute que la partie émergée d'un inquiétant iceberg. Qu'il y avait eu une multitude d'anomalies, de dysfonctionnements entre ce dimanche 21 septembre 11 h 26 et le mardi 23 à presque minuit.

Que restait-il à ce père fou de douleur après le véritable martyre de son fils de quinze ans ? Des questions, des tonnes de questions !

Pourquoi le docteur Moog n'est-il venu qu'en toute fin d'après-midi voir de ses yeux l'état de Maxime ?

Voilà ce qu'écrivait le directeur de la rédaction strasbourgeoise du site d'information national Rue89.com le 1er avril 2015 au troisième jour du procès devant le tribunal correctionnel de Colmar : « Oui mais voilà, on est dimanche et le FC Truchtersheim, le club de football dont le Dr Moog est vice-président et entraîneur, doit se qualifier pour une nouvelle étape dans la Coupe de France. Pour les avocats de la partie civile, c'est clair, le Dr Raphaël Moog était au foot, comme le détaille Me Nicolas Fady : "Le match commençait à 15 heures. Ce qui explique qu'à 15 h 34, le Dr Moog ne réponde pas, mais rappelle à 15 h 51, car c'est la mi-temps. Le FC Truchtersheim a remporté ce match. Il faut bien fêter la victoire. C'est aussi ce qui explique que le Dr Moog ne se soit rendu que vers 18 h 30 au chevet de son patient, et non à 16 h 30 comme il essaie de nous le faire croire[1]." »

Un élément que j'ai moi-même soulevé la veille lors de l'audience de l'après-midi du 31 mars : « Qu'il ait été chez lui ou sur un terrain, qu'importe. De toute façon, il n'était pas là. Tout un service de l'hôpital se met en place, prépare le bloc, tout le monde est persuadé que Maxime Walter va être opéré… »

Une circonstance sacrément aggravante quand on sait qu'un médecin d'astreinte est réglementairement tenu de rallier son établissement dans le quart d'heure qui suit un appel de ce type. Et qui ne sera jamais sérieusement investigué par la justice…

Quelles étaient les motivations réelles du chirurgien à refuser encore et encore d'opérer la rate du jeune garçon et à maintenir cette option des transfusions massives qui était vouée à un échec certain ? Peut-on déduire des

---

1. « Au procès Walter, les absences du docteur Moog pèsent lourd », un article signé par Pierre France, le directeur de Rue89 Strasbourg le 1er avril 2015 sur le site Rue89Strasbourg.com. Le même récit sera effectué par le quotidien *L'Alsace*.

expertises, comme sera tenté de le faire le professeur Christian Marescaux[1], un éminent neurologue strasbourgeois que j'ai sollicité comme expert privé pour nous éclairer la famille et moi, que le chirurgien avait compris le dimanche soir qu'il était désormais trop tard pour sauver Maxime ? Ce qui expliquerait qu'il n'envisage pas de l'opérer vu le risque que le jeune garçon décède en pleine intervention.

Qui sont vraiment les médecins qui se sont succédé auprès de Maxime durant ces soixante heures de cauchemar ?

C'est un des aspects les plus scandaleux dans cette histoire folle ! Il y a de manière générale un silence au sein de l'hôpital sur ceux qui devraient être là et ne sont pas là. Et vice-versa…

Nous allons découvrir en effet que les acteurs supposés présents ne sont pas les bons. Il n'y a en fait ni l'anesthésiste réanimateur, ni le médecin de garde. Mais toute une équipe d'internes.

La clé, ce sont ces heures décisives du dimanche 21 de 13 heures à 16 heures. Celles qui auraient permis de sauver Maxime dans plus de 90 % des cas ! Thierry Walter va faire un tableau trombinoscope de tous les gens qu'il a vus et va identifier tous ceux qui se sont occupés de son fils. De près ou de loin. Aucun ne

1. Auteur, avec le professeur Philippe Halimi de *Hôpitaux en détresse, patients en danger. Abus de pouvoir, harcèlement, suicides, arrêtez le massacre !* Flammarion, 2018, dans lequel il consacrait plusieurs pages à l'affaire Walter.

correspond aux personnages principaux du dossier médical.

Thierry Walter va affirmer que, dans ces heures cruciales, il n'a vu ni le médecin, ni l'anesthésiste censés être de garde ! Sauf que cinquante personnes de l'hôpital auditionnées sont prêtes à dire qu'ils étaient bien là. Bel exemple de solidarité auquel le monde hospitalier nous a hélas habitués dès qu'il s'agit de défendre l'honneur du drapeau…

Il ajoute que le médecin de garde ne va intervenir au chevet de son fils qu'à partir de 18 heures. Il se souvient qu'elle apportera un téléviseur dans la chambre de son fils peu de temps après.

Or elle déclare qu'elle était là depuis le début de l'hospitalisation du jeune garçon.

Thierry Walter sait en revanche qu'il a vu une autre femme médecin à la sortie de la première échographie : « Elle m'a dit : "On va lui enlever la rate ! et à son âge, ça n'aura pas de conséquences. Là, on l'envoie au scan…" Avant le scan, on savait donc déjà qu'il fallait l'opérer… »

Pour mettre un nom sur le visage de la médecin mystère, il va se déguiser avec une fausse barbe, une casquette et des lunettes pour la suivre jusqu'à son immeuble et trouver son nom sur les boîtes aux lettres. Il s'agit du docteur Christine R.[1].

Le docteur R. a toujours nié avoir été présente le dimanche midi et j'ai dû la faire citer comme témoin huit ans après, en mai 2016, devant la cour d'appel de

1. Le prénom et l'initiale du nom ont été modifiés.

Colmar. Appelée à la barre, je lui pose cette question : « Le dimanche à 12 h 30, Thierry Walter dit vous avoir vue, vous étiez où ? »

Et là, elle se souvient subitement que oui elle est passée à l'hôpital ce dimanche 21 septembre. Qu'elle a fait visiter les installations du service à un stagiaire, qu'elle a bien croisé les parents de Maxime mais qu'elle ne leur a pas parlé.

Là encore, Thierry avait raison !

Et le mystère continue de s'épaissir quand on se penche sur la question des poches de sang transfusées à Maxime, quasiment à jets continus. Combien de poches de sang ont-elles été administrées et par qui ont-elles été prescrites ? Certaines estimations aboutiront à 30 litres de sang transfusés !

En clair, pendant des dizaines d'heures, on lui balance poche de sang sur poche de sang. La description de ce qui s'est passé est une des pires que j'ai eue à entendre. Le sang sort par tous les orifices, car l'organe est percé. Il est peu fréquent d'apprendre qu'un chirurgien va s'évanouir dans la chambre d'un patient tant l'horreur était insupportable ! « Comment voulez-vous remplir une poche percée ? » me dira le professeur Marescaux.

Thierry qui voit l'abdomen de son fils enfler au fil des transfusions compte le nombre de poches de sang administrées à Maxime. En bon ex-cycliste qui aurait pu devenir pro s'il ne s'était pas tant méfié du dopage, c'est un obsessionnel du détail, habitué à tout compter et à tout vérifier. Entre 14 h 30 et 19 h 30, avant d'être mis dehors de la chambre, il en a compté 14 quand dans le dossier médical on n'en dénombre que 6…

Cette histoire de sang est capitale dans le drame de Maxime. C'est le pan important aujourd'hui. Qu'on lui transfuse au maximum 5 ou 6 poches de sang pour tenter de compresser sa rate, soit, mais pas au moins 14 poches en cinq heures. Quand Thierry découvre le décalage entre ce qu'il a compté et ce qui est inscrit sur le dossier médical, il sait qu'on lui ment !

Tout cela, on ne le comprend réellement qu'après l'audience de la cour d'appel de Colmar en septembre 2016. Nous avons donc déposé une plainte pour « faux et usage de faux en écriture publique » dès mars 2017.

En effet, il faudra notamment nous expliquer comment la première poche de sang répertoriée sur un bordereau peut sortir de l'EFS[1] à 15 h 39 alors que la première poche de sang transfusée à Maxime l'a été à 15 h 30, à en croire le dossier médical.

Autre anomalie, parmi tant d'autres : on retrouve sur un bordereau de commande le nom d'un docteur H. désigné comme prescripteur d'une poche à livrer à la clinique Sainte-Odile. Or ce médecin n'est pas inscrit au tableau de l'ordre des médecins d'Alsace (Bas-Rhin). On a interrogé la clinique : « Avez-vous eu un docteur H. en septembre 2008 ? » Réponse : « Nous n'en avons jamais entendu parler ni avant ni après cette date… »

1. Établissement français du sang dont une antenne est présente dans les grands hôpitaux.

Alors que le responsable EFS Alsace dit que la traçabilité est quasi parfaite, on n'aura jamais aucune explication là-dessus non plus…

Visiblement, ça ne gêne personne qu'un bon de commande soit signé par un médecin qui sort de nulle part !

Comment expliquer par ailleurs que, parmi les bordereaux de commande de poches de sang, Thierry Walter en retrouve trois datées du dimanche à 18 h 41, du lundi à 0 h 09 puis à 01 h 42 et prescrites au nom du docteur J. ? Or le docteur J. (une anesthésiste-réanimatrice) n'est intervenue que le mardi 23, dernier jour de vie de Maxime. Citée comme témoin lors du procès en appel, elle dira à la barre : « J'étais interne en anesthésie pédiatrique, je l'ai pris en charge le mardi à 8 h 30. Le dimanche, je n'étais pas là… […] Ce n'est pas moi qui ai commandé ces bons… »

Pourtant, quand, en mai 2012, l'hôpital fournit l'organisation des services de ce dimanche 21 septembre, on voit que le docteur J. était, ce jour-là, de garde en réanimation chirurgicale… La conclusion de tout cela sera que le docteur J. pouvait se tromper. Circulez, il n'y a rien à voir !

Alors moi, je veux bien que face à tout cela, on nous oppose que Thierry Walter est fou, qu'il n'arrive pas à faire son deuil. Mais alors je suis moi aussi atteint de folie car, de toute ma carrière, je ne me suis jamais retrouvé confronté à une telle situation.

*

Dès le début, il y a eu une cacophonie à l'EFS. Des cafouillages dans la délivrance des poches de sang. Une suspicion qui avait amené la première juge d'instruction à déclencher une recherche pour recevoir tous les bordereaux (bons de livraison) des poches de sang délivrées par l'EFS Alsace entre le 21 et le 23 septembre 2008.

Et là, elle a reçu des milliers de pages de documents. La seconde juge n'a pas, c'est le moins qu'on puisse dire, développé une énergie particulière pour exploiter toute cette richesse.

Pour moi, il y a eu une instruction à deux visages. La première juge d'instruction : on va aller chercher la vérité ! La seconde : on va se contenter de la responsabilité du docteur Moog.

La première a été mutée à Marseille. Elle venait juste de faire une saisie du disque dur du serveur informatique du centre hospitalier, une des pièces du dossier qu'on ne retrouvera jamais. Cela aurait pu apporter la preuve de nos propos sur les poches de sang.

Je pense vraiment qu'ils ne s'attendaient pas à tomber sur un Thierry Walter capable de mener quasiment une enquête criminelle. De récupérer tous les bordereaux de transfusion, de faire des filatures pour identifier les médecins présents, de reconstituer la chronologie avec les relevés téléphoniques, etc.

Sans ce père obstiné (terme que je préfère de loin à « obsessionnel »), on n'aurait jamais entendu parler de ce cas. L'hôpital aurait juste dit : « Il y a eu un problème de coagulation et on l'a perdu… » Point barre !

Du coup, je sais très bien que nous indisposons beaucoup de monde, les responsables de l'hôpital, de nombreux médecins comme certains magistrats.

L'ordonnance de rejet d'actes supplémentaires signée le 26 mai 2020 par le juge d'instruction en sera la preuve criante. Concernant notre plainte pour « faux et usage de faux en écriture publique » de mars 2017, le magistrat va estimer qu'elle est infondée car, selon lui, il a été répondu à la quasi-totalité de nos questions : « S'il manque une réponse, ou si une réponse apparaît insuffisante, la thèse du complot resurgit : c'est sans fin… »

En résumé, Thierry Walter et moi, nous sommes un plaignant à moitié fou défendu par un avocat complotiste. Excusez du peu !

Mais il en fallait plus pour nous arrêter. J'ai donc saisi la chambre de l'instruction de la cour d'appel de Colmar le 12 novembre dernier pour obtenir satisfaction. Ce jour-là, le président de la chambre m'a demandé quel était mon objectif, je me suis autorisé à lui faire réponse la plus simple : « La vérité ! »

Le juge, quelques jours plus tard, allait confirmer le refus d'actes supplémentaires.

Croyez-moi, l'affaire Naomi Musenga[1] (dans laquelle je représente la famille), qui s'est déroulée dans ces mêmes lieux, vient conforter tous les comportements détestables constatés dans cette affaire ! Notre cabinet traite 120 à 130 dossiers d'erreurs médicales par an depuis

1. Chapitre 17 : L'affaire Naomi Musenga. L'impossible vérité.

plus de vingt ans. Il y a partout des protections fortes au sein de la corporation des médecins, mais c'est vraiment une spécificité de Strasbourg !

Imaginez-vous que douze ans après la mort de Maxime, ses parents n'ont toujours pas pu récupérer le dossier médical officiel de leur fils, avec la première échographie de sa rate !

Je sais qu'on les insupporte ! Mais nous irons jusqu'au bout. Si je n'arrive pas à obtenir ces nouveaux actes que nous pensons légitimes, ma détermination est de mettre en cause les magistrats pour « déni de justice ».

Il faut oser, dans les cas les plus critiques, monter d'un cran dans l'intensité du combat pour la vérité. Pratiquer la dissuasion judiciaire comme d'autres pratiquent, non sans succès depuis 1945, la dissuasion nucléaire…

Chapitre 11

Le scandale des prothèses mammaires PIP

Notre premier méga-dossier

« Géo Trouvetou[1] du Var » ou « apprenti-sorcier des prothèses mammaires » ? Selon que l'on écoute son avocat ou le procureur Jacques Dallest lors du premier procès à Marseille au printemps 2013, on n'aura pas la même lecture de l'invraisemblable saga de Jean-Claude Mas.

En tant que défenseur de près de 2 200 plaignantes, vous imaginez facilement de quel côté je penche au moment de qualifier cet homme qui, au mépris de toute sécurité sanitaire, arrosa la planète de près d'un million de prothèses de la marque Poly Implant Prothese (PIP) entre 1991 et 2010.

Né en 1939 à Tarbes, Jean-Claude Mas a fait un très grand nombre de jobs. Visiteur médical, vendeur d'assurances vie, représentant en vins. Et même épicier-

1. Le canard Géo Trouvetou est un personnage d'inventeur prolifique créé par Walt Disney.

charcutier, ce qui ne s'invente pas... Avant de se lancer sur ce marché, porteur à l'époque, de la prothèse mammaire en s'associant avec un chirurgien plasticien toulonnais Claude M.[1].

C'est la qualité du résultat esthétique de leur produit qui a fait son succès et amené PIP sur la troisième marche du podium mondial. Et aussi des prix très attractifs ! Pour la prothèse et la pose, il fallait compter environ 3 500 euros.

Il faudra attendre le 17 mars 2010 pour que l'Agence de sécurité sanitaire (AFSSAPS), après avoir été alertée sur des taux anormaux de rupture de ces prothèses, diligente une inspection dans les locaux varois de la société à La Seyne-sur-Mer et découvre le pot-aux-roses[2].

Pour réussir cette performance commerciale, les deux hommes avaient conçu une sorte de gel qui comprenait, notamment, de l'huile de silicone normalement employée comme additif pour carburant et un gel isolant électrique utilisé dans le bâtiment. Un mélange qui coûtait sept fois moins cher que le gel silicone Nusil américain habituellement utilisé[3].

1. Le prénom et l'initiale du nom ont été modifiés.

2. Dès le 29 mars 2010, l'AFSSAPS décidera de suspendre la mise sur le marché et l'utilisation des implants PIP.

3. Le mélange élaboré par PIP coûtait 5 euros le litre alors que le gel Nusil était vendu 35 euros le litre, ce qui pouvait représenter une économie de 10 euros par prothèse fabriquée. Soit un million d'euros par an !

Dans les cas de rupture ou de fissures des poches, le liquide se répandait dans l'enveloppe du sein. On découvrira en plus que la « recette » du produit PIP était très variable. Aujourd'hui encore, les tests de toxicité sont, dirons-nous, enlisés.

À l'heure des comptes, il ressortira que le taux de rupture des prothèses était anormalement élevé (25,4 %[1]). Même au niveau de la membrane des prothèses, il avait fallu que les dirigeants varois biaisent : toujours dans le même souci d'économies, elles étaient d'épaisseur insuffisante. Par bonheur pour les porteuses de prothèses défectueuses, les produits utilisés dans la mixture PIP ne se sont pas avérés trop toxiques. Les conséquences auraient pu être encore plus délétères pour chacune d'entre elles.

À travers ce scandale sanitaire, dont il faut bien comprendre l'ampleur, il y avait donc l'angoisse de chacune des victimes d'avoir un gel non homologué susceptible de se répandre dans leur corps. Ce à quoi s'ajoutait une autre problématique non négligeable : des études publiées ont mis en évidence l'augmentation du risque de cancer du sein après que les prothèses se sont rompues.

L'étude Lucie lancée à l'été 2013 par l'Agence nationale du médicament (ANSM) au sein de l'Institut national de la santé et de la recherche médicale (INSERM) et sur la base d'un échantillon des victimes recensées de

1. Sur les 30 099 implants PIP retirés en France au total, 7 634 ont été classés comme « défectueux », soit un taux de défaillance de 25,4 % !

l'affaire PIP, devait être élargie aux clientes d'autres marques de prothèses disponibles sur le marché français[1]. Son objectif était d'établir les effets indésirables à moyen et long terme des prothèses mammaires. Programmée sur dix ans, elle devait suivre 100 000 femmes portant ou ayant porté une prothèse.

Malheureusement, faute de budget, le travail a été abandonné.

Nous touchons, dans ce dossier, un point sensible concernant les dispositifs médicaux, lesquels à la différence des médicaments, ne sont pas suffisamment contrôlés. Il suffit en effet de souscrire un contrat avec un organisme de certification agréé, qui, après prise de rendez-vous avec l'entreprise, va mener une évaluation du produit, puis donner le feu vert à la mise en vente, tout en effectuant par la suite des contrôles réguliers.

Pour les prothèses PIP, il s'agira de la société allemande TÜV Rheinland qui sera d'ailleurs poursuivie pour « manquement à ses obligations de contrôle »[2]. C'est Jean-Claude Mas lui-même qui expliquera aux gendarmes que le jour des contrôles des inspecteurs de TÜV

---

1. À l'époque, on évaluait à 346 000 le nombre de femmes portants une prothèse mammaire en France.

2. Le 20 janvier 2017, TÜV était condamnée à verser 60 millions d'euros à 20 000 plaignantes (à raison de 3 000 euros par victime), par deux jugements du tribunal de commerce de Toulon. Elle a fait appel et conteste sa responsabilité. Une autre affaire est en cours à Paris sur renvoi de cassation.

tous les documents de comptabilité compromettants et les containers de gel illicite étaient dissimulés.

Comme le révélera l'enquête, « M. Mas » était en interne considéré comme un patron omniprésent, très autoritaire, qui décidait seul et de tout[1]. Il était même jugé « trop présent et arbitraire » par son propre directeur financier et président du directoire, Claude C. : « Il rappelait à tout moment qu'il était le fondateur et l'actionnaire principal et donc le seul décisionnaire ! »

Jean-Claude Mas est décédé lors d'une intervention chirurgicale le jeudi 4 avril 2019. Près de six ans après que ce touche-à-tout dénué de scrupules a été condamné en décembre 2013 par le tribunal correctionnel de Marseille (ce qu'a confirmé la cour d'appel d'Aix-en-Provence en 2016) à quatre ans de prison ferme et 75 000 euros d'amendes pour « tromperie aggravée et escroquerie » ainsi qu'à une « interdiction définitive d'exercer une activité professionnelle en lien avec le monde sanitaire ou médical ».

Mais déjà, à l'époque, son état de santé ne permettait pas de l'incarcérer[2].

Le fondateur de PIP est même allé jusqu'en cour de cassation où ses peines, comme celles de ses quatre

1. Comme le déclarera aux enquêteurs Hannelore F., la directrice qualité de PIP : « M. Mas s'occupait de tout. Il était à la fois directeur commercial, directeur technique et directeur de production… »

2. Rappelons que Jean-Claude Mas avait déjà effectué huit mois de détention préventive.

co-prévenus, ont été confirmées[1] en septembre 2018. Cet homme pourtant fatigué et usé s'est défendu jusqu'à son dernier souffle.

Sa désinvolture à toutes les audiences, voire son manque total de respect à l'égard de toutes les victimes n'a jamais cessé de m'étonner. À aucun moment, je ne l'ai senti vraiment concerné.

Visiblement, il s'en moquait éperdument. Ce qui pouvait probablement expliquer qu'il n'ait pas sollicité de ténors pénalistes pour le défendre…

Il a eu, comme Jacques Servier dans l'affaire du Mediator[2], un comportement à la limite du déni. « Mais enfin, je ne comprends pas ! Qu'est-ce qu'on me reproche ? » Mais au moins, chez Servier, il y avait une vraie stratégie. Peut-être était-il tout simplement dépassé par la situation. Jean-Claude Mas avait soixante-quatorze ans mais en faisait dix de plus… J'avoue que je suis incapable de comprendre comment cet homme a pu vivre son procès aussi sereinement. Il n'a pas montré une once de compassion pour ses milliers de victimes.

---

1. Son directeur financier (Claude C.), sa directrice du service hygiène et qualité (Hannelore F.), son directeur de production (Loïc G.) et son directeur du service Recherche et Développement (Thierry B.) verront leurs peines de prison, amendes et interdictions professionnelles confirmées en cassation le 11 septembre 2018.

2. Chapitre 18 : L'affaire du Mediator des laboratoires Servier. Ce méga scandale qui a bien failli rester secret.

Dans ce dossier, on touche également aux limites du système judiciaire lorsqu'il se retrouve face à des prévenus insolvables. Jean-Claude Mas, qui s'était fait interdire de casino tant il y brûlait ses dividendes, a organisé sa propre insolvabilité jusqu'à ce que Poly Implant Prothese soit placé en liquidation judiciaire par le tribunal de commerce de Toulon en mars 2010.

Où est passé l'argent du « Géo Trouvetou du Var » ? PIP a été n° 3 mondial, on suppose que son actionnaire principal a bien dû accumuler quelques bénéfices ? Or, on n'a rien retrouvé. Ou, plutôt, on n'a rien cherché...

Dès que l'État est impliqué dans des dossiers de cette ampleur (Amiante, Mediator, Dépakine...), un fonds de solidarité est aussitôt mis en place.

Pour les 30 000 victimes de l'attitude frauduleuse de M. Mas, il ne sera envisagé aucune création de fonds de solidarité.

Face à une telle situation, nous ne pouvions que saisir le Service d'aide au recouvrement des victimes d'infractions[1] (SARVI), qui intervient en cas d'insolvabilité du condamné, mais avec des conditions restrictives, les indemnisations étant limitées à 30 % des sommes allouées par le tribunal et plafonnées à 3 000 euros.

1. Le Service d'aide au recouvrement des victimes d'infractions (SARVI) est un fonds de garantie public qui aide les victimes à recouvrer les dommages et intérêts alloués par un tribunal pénal dans les cas de préjudices corporels légers non pris en charge par les commissions d'indemnisation (CIVI).

Le 23 décembre 2011, le ministre de la Santé Xavier Bertrand demandera cependant à toutes les personnes porteuses d'une prothèse PIP de la faire remplacer au plus vite, remplacement qui sera partiellement pris en charge par la sécurité sociale.

*

L'ambiance durant toute la procédure n'a pas toujours été de tout repos, d'aucuns étant même allés jusqu'à considérer qu'il s'agissait du « procès des bimbos ». Il y avait même parfois une certaine tension au cœur même du groupe des plaignantes…

Nous défendions en effet des clientes de profils différents : victimes suite à de la chirurgie esthétique ou suite à des interventions de chirurgie réparatrice.

« On n'est pas des bimbos qui voulaient des gros lolos », avait déclaré Alexandra Blachère[1] deux ans plus tôt au journal *Le Monde*. Considérée comme la « patiente zéro », elle avait découvert la fissuration de sa prothèse lors d'une échographie. Elle est devenue notre cliente dès 2010 et évoquait des milliers de victimes dont déjà une centaine s'était rapprochée d'elle.

Présidente fondatrice de l'association de défense des porteuses de prothèses PIP (PPP), Alexandra ne supportait plus que ses adhérentes (qui sont juste des « Mmes Tout-le-Monde ») soient prises de haut par les

1. « La bataille d'Alexandra pour les victimes des prothèses mammaires PIP », Lætitia Clavreul, *Le Monde*, 11 décembre 2011.

autorités sanitaires comme par le corps médical. Elle vivait mal cette difficulté de faire reconnaître leur statut de victime parce qu'elles ont l'image de femmes superficielles qui ont voulu jouer avec leur corps. Or, dans 50 % des cas, ces femmes ont subi des reconstructions suite à des cancers du sein. Ou ont fait ce choix pour des raisons bien plus psychologiques qu'esthétiques : reconstruction de poitrines jugées trop fortes ou au contraire trop petites par la patiente.

C'est mon associé, Philippe Coutois, qui va gérer ce dossier ainsi que le volet médiatique de cette affaire au gigantesque retentissement dans l'opinion. Pour notre cabinet, c'est la découverte des dossiers de masse. Pour la première fois, nous sommes en contact avec plusieurs milliers de victimes. Avec le travail considérable que ça représente.

Tout a été atypique dans ce procès de Marseille. Hormis le procès du sang contaminé et celui des hormones de croissance contaminées [1], les tribunaux français ne sont pas habitués à de tels dispositifs.

Il avait été décidé, pour recréer l'ambiance d'un tribunal, de transformer une partie du palais des congrès en

1. Entre 1983 et 1985, 1 698 enfants en insuffisance hormonale avaient été traités par injection à partir de prélèvements effectués sur des corps atteints de la maladie de Creutzfeld-Jacob et 125 décédaient au terme de longues souffrances. « Trente ans après, 3e procès dans l'affaire des hormones contaminées », *Sciences et Vie*, 5 octobre 2015.

salle d'audience (pour un coût de 600 000 euros selon la presse).

Comme il y avait plus de 7 000 plaignantes[1], il était nécessaire de prévoir une structure capable de les accueillir. Seulement quelques centaines ont fait le déplacement et sont venues essentiellement le premier jour de ce procès prévu sur plusieurs mois.

La poursuite de Jean-Claude Mas s'est faite par citation directe et l'instruction s'est, dès lors, déroulée à la barre au long d'un procès qui durera près d'un mois !

Sur le volet « tromperie », on est passé du procureur au procès sans passer par la case instruction... Avec demandes d'indemnisation des victimes pour « préjudice moral » et pour « préjudice d'angoisse », avec cette question lancinante : quand du produit a fui, que devient-il dans notre corps ? Difficile à ce sujet de mener à bien des tests concluants puisque chaque lot avait sa particularité et était fabriqué « à la louche » comme le reconnaîtra lui-même Jean-Claude Mas...

Au passage, je ne peux que regretter que les annonces gouvernementales de l'époque sur la volonté d'améliorer la sécurité des dispositifs médicaux soient restées lettre morte.

*

1. Selon le journal *Le Monde* du 10 décembre 2013, on dénombrait finalement 7 113 femmes parties civiles venant de 71 pays.

Cette période de la préparation du procès de Marseille aura été pour notre cabinet aussi palpitante qu'éreintante. J'y repense à la fois avec un peu de nostalgie et un sacré mal de crâne !

Je dois reconnaître qu'à l'époque, nous nous y étions un peu pris comme des amateurs. Plus de 2 000 dossiers à traiter. On y était 24 heures sur 24 en faisant les trois-huit. J'exagère à peine... Un vrai cauchemar.

Avec cette obligation de ne commettre aucune erreur au risque de rendre nulle la plainte de l'une de nos clientes. Il faut absolument avoir un moyen de contrôle pour minimiser les erreurs techniques.

Un mélange de données dans un tableau Excel, une date qu'on a laissée passer, le dossier peut être déclaré irrecevable. Être exclu du procès !

Nous avions autant de dossiers que de victimes avec un jeu de conclusions personnalisées dans chaque dossier. En tout, cela représentait plus de 100 000 pages d'impression.

Philippe et moi, nous avons eu le plaisir, dans ce tourbillon incessant, d'avoir la confirmation que nous étions entourés d'une vraie équipe prête à sacrifier ses week-ends, et parfois même une partie de ses nuits pour finaliser tous ces dossiers. Il régnait à Bordeaux comme à Paris, un vrai esprit de groupe.

Pour notre cabinet, il y a eu un avant- et un après-procès PIP.

Nous étions face à un obstacle technique terrifiant, nous l'avons franchi dans l'effort avec un réel succès. Je me souviendrai toujours de la dernière nuit blanche passée dans notre cabinet bordelais à pointer, page par page et plutôt deux fois qu'une, les plus de 2 000 dossiers, puis à les charger dans nos deux voitures. Cela représentait plus de quinze volumineux cartons, que nous avions nous-mêmes transportés jusqu'au tribunal à Marseille.

Ces situations ne se reproduiraient plus à l'identique aujourd'hui. J'en veux pour preuve les transporteurs sollicités pour l'ensemble des dossiers Mediator. C'est ce que l'on appelle, je suppose, l'expérience et nous avons su en tirer profit pour améliorer significativement notre gestion de ces dossiers sériels.

Dans ces dossiers de masse, chaque détail compte. Pour le dossier du Mediator, par exemple, je sais qu'après le jugement de fin mars 2021, j'aurai 10 jours pour faire appel. Et j'ai 2 400 dossiers.

Il faut bien imaginer la difficulté d'informer toutes les victimes de l'intérêt, mais aussi du risque, en termes d'indemnisation, d'interjeter appel.

Après, selon la décision, nous ne ferons peut-être pas appel… Sinon il est probable que j'aurais des centaines d'appels téléphoniques à assurer dans un temps très court pour informer nos victimes, avec des demandes de confirmation par écrit. Un travail colossal.

La procédure PIP nous a vraiment servi de réflexion pour préparer le procès-fleuve du Mediator. Le cabinet aujourd'hui est plus compartimenté. Ainsi nous n'avons pas mobilisé l'ensemble de l'équipe sur la procédure contre les laboratoires Servier comme cela avait, en revanche, été indispensable pour PIP. Dès 2013, nous avons engagé deux personnes exclusivement dédiées aux victimes du Mediator.

Oui, finalement, je vais me laisser aller à un peu de nostalgie en repensant à ce printemps 2013 et à notre premier méga-dossier.

Cela restera un événement marquant qui, aujourd'hui, nous permet de faire face à ces procès de très grande envergure qui sont et seront de plus en plus fréquents.

Chapitre 12

La délicate question de la dangerosité de certains vaccins…

C'est l'un des sujets les plus brûlants et surtout les plus clivants de notre époque. Une question qui divise l'opinion en deux camps, les pro et les anti-vaccins.

Si ce schisme ne date pas d'hier, la crise sanitaire due au Covid-19 et la porte de sortie que pourraient nous offrir les vaccins n'ont fait que raviver les querelles et secréter un brouhaha dans lequel s'entrechoquent la parole scientifique (ou plutôt les paroles scientifiques), les craintes légitimes, les délires complotistes et les fake news de toutes sortes.

Quand on débat de la vaccination, on se situe très vite bien au-delà des raisonnements scientifiques ou simplement logiques. Les convictions, parfois religieuses, prennent une large place. Tout est dit, déformé, amplifié, troublé, emmêlé…

La crainte dès lors doit être de trop fragiliser des produits indispensables au plus grand nombre. Donc je veux dire clairement ici que je ne suis pas anti-vaccins !

C'est avec le drame qui va frapper un bébé d'un mois, Jérémie A[1]., que je vais, au tout début des années 2000, concrètement découvrir la potentielle dangerosité des vaccins.

*

Le 17 octobre 2002, le petit Jérémie, âgé d'un mois, reçoit le vaccin du BCG[2] dans un centre de vaccination de la protection maternelle et infantile (PMI) de Bobigny (Seine-Saint-Denis). Dès le surlendemain, le bébé est fiévreux. Son ventre est tendu et lui fait mal. Les parents, dont c'est le premier enfant, appellent SOS Médecins à 6 heures du matin le 21 octobre et conduisent leur enfant aux urgences du centre hospitalier de Montreuil. La température est montée à 39,1 °C.

Un premier diagnostic est posé : c'est une bronchiolite virale. Puis les analyses révèlent une perturbation hématologique majeure. En fait, il s'agit d'une hyperleucocytose massive, c'est-à-dire une augmentation très anormale du nombre de globules blancs dans le sang. Le système immunitaire de Jérémie est clairement sur le sentier de la guerre ! L'état de l'enfant se dégrade très vite y compris sur le plan neurologique et hépatique. Il est victime d'un syndrome d'activation lymphohistiocytaire.

1. Le prénom et l'initiale du nom ont été modifiés.

2. Le BCG (vaccin bilié de Camette et Guérin) est destiné à lutter contre la tuberculose, une grave maladie respiratoire due au bacille de Koch. Depuis 2007, il n'est plus obligatoire pour les enfants.

Ses défenses immunitaires se sont inversées et retournées contre lui en attaquant tous ses organes.

Jérémie est transféré à l'hôpital Trousseau pour une suspicion de leucémie.

Entre le 13 et le 15 novembre, son état clinique décline nettement. Admis dans l'unité de réanimation du CHU Bicêtre, il décède six heures après son admission d'un arrêt circulatoire terminal.

Comment en est-on arrivé à mettre en cause le BCG ? Parce qu'il était périmé... donc *a priori* moins susceptible de déclencher une réaction post-injection, mais le lien sera fait ainsi.

C'est presque par hasard que les parents vont regarder la boîte du vaccin BCG Monovax fabriqué par le laboratoire Aventis-Pasteur MSD, et s'apercevoir qu'il était périmé depuis le 12 octobre. N'étant pas médecins, ils en déduisent qu'un produit périmé, même de cinq jours, est potentiellement dangereux. Or, s'agissant d'un vaccin, c'est le contraire. Un vaccin qui a dépassé sa date de péremption est moins « agressif ».

François et Laura A.[1] se rapprochent de nous et nous mettons en route la procédure. Pour moi, ce vaccin avait été prescrit et injecté sur un enfant jeune dont le système immunitaire était en cours de formation. Je vais donc chercher le lien entre cette injection et le décès du petit garçon.

La démarche ne sera rendue possible que parce que, le 17 juillet 2003, le tribunal administratif de Cergy-

1. Les prénoms et l'initiale du nom ont été modifiés.

Pontoise va désigner comme expert le docteur Jean-Claude Mselati, l'un des plus remarquables de France, un homme aussi humain que compétent.

Ce médecin revendique l'objectivité absolue et se veut totalement intègre. Il ne donne son avis que lorsqu'il est missionné par les magistrats et refuse d'intervenir pour les victimes, les médecins ou les assureurs.

Ce que j'ai apprécié par-dessus tout chez lui, c'est qu'il est sans a priori : il a accepté de réfléchir à toutes les hypothèses. De nombreux experts ne font guère preuve de cette ouverture d'esprit ou d'innovation. Ils préfèrent s'appuyer sur la foisonnante littérature scientifique existante. Mselati, lui, a mené un véritable travail d'enquête en interrogeant tous les spécialistes qui pouvaient l'aider à comprendre cette problématique. Il va ainsi établir un lien « plausible » entre ce vaccin et le fait que le système immunitaire de Jérémie s'est tout simplement autodétruit.

J'ai le privilège de connaître un certain nombre d'experts qui, comme le docteur Mselati, ont des qualités humaines remarquables. Une vraie compassion à l'égard des victimes. Certains manifestent, parfois, une souffrance si vraie que j'ai presque l'impression qu'ils laissent un peu d'eux-mêmes à chaque expertise. Il est plus facile d'accepter leurs conclusions, même quand elles ne nous sont pas favorables. Surtout pour les familles qui sentent leur profonde sincérité.

Hélas, les contre-exemples sont nombreux et heureusement, depuis la loi du 4 mars 2002, c'est la Commission de conciliation et d'indemnisation (CCI) qui désigne les experts. Et là, devant la CCI, il n'y a pas seulement un magistrat mais aussi des médecins, des représentants des associations de victimes, des compagnies d'assurances et de l'ONIAM[1].

Cela a amélioré la qualité des rapports, car il y a un véritable échange autour des conclusions de l'expertise. Une sorte d'évaluation *a posteriori* du travail des experts. Les victimes qui sont présentes (comme les autres parties) peuvent se plaindre des conditions de l'expertise, etc. Depuis 2010, le système a bien évolué et j'ai basculé dans la plupart des cas de l'expertise judiciaire vers l'expertise CCI.

D'autant que, et ça ne facilite pas notre travail, les motivations ne sont, de toute évidence, pas toujours les mêmes d'un expert à l'autre. Certains par exemple sont là pour se mettre en valeur ou régler des comptes, d'autres pensent avant tout, comme un expert cardiologue que j'apprécie, à améliorer leur profession et la prise en charge des patients. Mais le profil que je redoute le plus, c'est le Zorro qui va défendre le médecin dans toutes les situations, quoi qu'il ait pu faire. C'est alors le triomphe du corporatisme et la source de nombreuses injustices.

*

Dans son expertise rédigée le 25 janvier 2004, Jean-Claude Mselati va commencer par souligner que « l'utilisation d'un vaccin périmé de cinq jours n'est pas conforme aux bonnes pratiques cliniques ». Ses conclusions sur

1. Office national d'indemnisation des accidents médicaux et des infections nosocomiales.

l'imputabilité seront certes très prudentes, il fait preuve d'une précaution nécessaire en la matière, mais il souligne que l'on ne dispose d'aucune cause en dehors de l'injection de ce BCG. Il estime dès lors que le « rôle du vaccin dans l'apparition de cette maladie est plausible ». Ce qui est une conclusion suffisamment explicite pour me permettre d'espérer obtenir gain de cause, ce qui sera le cas.

Le docteur Mselati précise que « c'est le vaccin lui-même en tant que stimulant antigénique[1] – et pas le fait qu'il soit périmé – qui peut être à l'origine de la pathologie immunologique ». Il finira également par écarter l'existence d'une lympho-histiocytose familiale. Ce qui pourtant aurait bien arrangé la partie adverse… Pour lui, l'existence d'une pathologie génétique est « très peu probable ».

Malgré cette expertise, certes mesurée mais nettement favorable, nous serons tout de même confrontés à des résistances du laboratoire. Résistances que l'on peut considérer comme légitimes vu les enjeux sur la question des vaccins tant sur un plan sociétal qu'économique. Et puis comment nier que les vaccins sont de véritables vaches à lait pour les laboratoires ?

Nous saisirons le tribunal administratif de Cergy-Pontoise le 30 juillet suivant afin de faire condamner le département de Seine-Saint-Denis (dont dépend le centre de PMI de Bobigny) qui contestera le fait que le décès de Jérémie ait pour origine la vaccination reçue

1. Capable de déclencher une réponse immunitaire.

dans son centre de PMI et ce « même si l'expert n'exclut pas un rôle théorique de la vaccination BCG »...

Tout en estimant que « le lien de cause à effet doit être regardé comme établi », les magistrats rendront, le 16 décembre 2004, une sorte de jugement de Salomon en reconnaissant certes la faute du conseil général du 93, mais en ne nous accordant que 20 % des sommes demandées pour réparation des différents préjudices.

Cette décision sera attaquée par le département en mai 2008 devant la cour administrative d'appel de Versailles qui, à ma grande surprise, annulera purement et simplement le jugement et ce pour une question uniquement procédurale. Les magistrats vont estimer que le département de Seine-Saint-Denis n'est pas « une émanation de l'État » et que de ce fait il ne pouvait être poursuivi devant un tribunal administratif.

Ce fut un sacré coup dur pour les parents de Jérémie qui ont dû rembourser les sommes allouées en première instance et se résoudre à repartir pour de longues procédures, cette fois devant l'ONIAM qui était chargé de l'indemnisation des préjudices dans le cadre de la vaccination obligatoire.

Nous avons saisi le tribunal administratif de Basse-Terre en Guadeloupe, lieu de résidence des A. en mars 2013, afin de condamner l'ONIAM à indemniser les préjudices subis par Jérémie et ses parents. Lequel organisme dans son mémoire de défense estimera « qu'aucun lien de causalité n'est établi entre la vaccination BCG et la pathologie présentée par le jeune Jérémie ».

Les magistrats seront d'un avis contraire et, presque treize ans après les faits, le 11 juin 2015, condamneront l'ONIAM à verser 48 000 euros à François et Laura A. 20 000 euros pour chacun des deux parents pour leur préjudice d'affection et leur préjudice d'accompagnement suite à la disparition de leur premier enfant. Et, comme « juste appréciation des préjudices de toute nature subis par le jeune Jérémie » décédé à l'âge de deux mois la somme de 8 000 euros.

C'est un réel succès d'avoir obtenu gain de cause et pu faire reconnaître la responsabilité du vaccin dans ce drame. Mais c'est aussi, et les chiffres ridiculement faibles parlent d'eux-mêmes, la mise en évidence de la position détestable des tribunaux à l'égard des sommes allouées pour les préjudices d'affection en de pareilles circonstances...

L'énigme Gardasil
Un « vrai faux vaccin contre le cancer »...

Créé par les laboratoires Merck, commercialisé par MSD Vaccins[1] dès novembre 2006, le Gardasil est un vaccin contre les papillomavirus humains (HPV) qui seraient à l'origine du cancer du col de l'utérus.

Il protège contre les souches de papillomavirus prétendues être les plus cancérigènes. Aujourd'hui, on parle du

1. Aujourd'hui filiale du groupe Merck, MSD Vaccins faisait à l'époque partie depuis 1996 d'une coentreprise avec Sanofi-Pasteur dont il est sorti en janvier 2017.

Gardasil 9 car il bloque 9 papillomavirus, sachant qu'il en existe 200 différents…

Ce vaccin pose selon moi deux problématiques. L'utilisation du sel d'aluminium comme adjuvant, j'y reviendrai. Et surtout l'utilité de ce « vaccin ». Toute la promotion a été faite autour du fait que c'était un vaccin contre un cancer alors que c'est un vaccin contre quelque chose (les papillomavirus) qui peut éventuellement déclencher un cancer.

Rien ne permet à ce jour de mesurer l'effet recherché par ce produit. Dans la grande majorité des cas, le cancer du col de l'utérus se déclenche entre quarante-cinq et cinquante ans or on vaccine de très jeunes filles, entre dix et quinze ans. Difficile dès lors d'évaluer l'efficacité réelle du vaccin…

Et, en France, cela représente 1000 décès par an seulement. Mille décès de trop bien entendu, mais 15e au rang des cancers mortels. À titre de comparaison, les cancers les plus mortels en France sont le cancer du poumon (31 000 décès en 2017), colorectal (18 000), du sein (12 000) et de la prostate (8 000).

Si les préconisations de suivi gynécologique[1] étaient respectées, on aurait en très grande partie raison de ce

1. Un frotti annuel (avec examen cytologique) deux années de suite et ensuite tous les trois ans. Entre trente et soixante-cinq ans, un test HPV (Human Papilloma Virus) tous les trois ans. À la différence de l'examen cytologique qui s'intéresse à la morphologie des cellules, le test HPV cherche la présence d'ADN du virus HPV.

cancer et sans avoir recours à un quelconque vaccin. Et pourtant, j'entends que, selon les recommandations de la Haute Autorité de santé (HAS), il est question de le rendre obligatoire et même de l'étendre aux garçons, pour la prévention d'autres cancers (comme le cancer de l'anus ou le cancer de la gorge) ou pour leur éviter de le transmettre lors de leurs relations sexuelles à des partenaires non vaccinés. Une généralisation qui ne fait pas l'unanimité dans le milieu de la santé[1]...

Mais le Gardasil a été présenté comme le premier vaccin au monde contre un cancer. Tout a été mis en œuvre pour favoriser sa commercialisation dans des délais inhabituellement courts au motif qu'il s'agissait d'une urgence sanitaire. Le ministre de la Santé de l'époque, Xavier Bertrand, a même estimé qu'il était d'intérêt public.

D'autant que les laboratoires Merck sortaient d'énormes condamnations aux États-Unis (près de 5 milliards de dollars) pour un anti-inflammatoire, le Vioxx, exploité entre 1999 et 2004 et qui augmentait sensiblement les risques cardiaques.

Financièrement, le Gardasil, c'était une opération fantastique.

1. À noter que suite à l'appel de cinquante sociétés savantes, des médecins et pharmaciens indépendants de l'industrie pharmaceutique ont adressé un droit de réponse le 28 avril 2019 faisant état de leur opposition totale à cette généralisation en raison d'incertitudes majeures sur les rapports bénéfices-risques et coût-efficacité.

De quoi se demander s'il ne s'agit pas d'un enfumage commercial.

Pourquoi certains vaccins sont-ils plus sujets à effets secondaires que d'autres ? Le vaccin contre l'hépatite B a été suspecté de déclencher des scléroses en plaques et d'autres maladies auto-immunes. Il y a des zones d'ombre que les scientifiques ne parviennent pas à écarter.

Concernant le vaccin hépatite B, la procédure pénale a abouti à un classement sans suite il y a trois ans. Rien n'a pu être établi en termes d'imputabilité concernant les scléroses en plaques (SEP). Il y avait eu une énorme promotion pour ce vaccin. Or l'État avait créé un fonds d'indemnisation quand il avait été rendu obligatoire pour les soignants hospitaliers, du public comme du privé.

Pour le vaccin contre le H1N1 (virus de la grippe aviaire) dont l'effet secondaire possible est la narcolepsie [1], le fond a été créé le jour même de sa commercialisation... Ces fonds rassurent et déresponsabilisent en même temps les laboratoires qui fabriquent des vaccins...

Il a également été annoncé, fin décembre 2020, que le vaccin contre le Covid-19 aurait le même statut et les mêmes garanties qu'un vaccin obligatoire : toute victime sera ainsi en mesure de saisir l'ONIAM.

*

1. La narcolepsie-cataplexie (ou maladie de Gélineau) est un trouble du sommeil rare qui se caractérise par des accès d'assoupissement survenant brutalement au cours de la journée, éventuellement accompagnés d'attaques de cataplexie (brusque perte du tonus musculaire).

Le 11 octobre 2010, Amandine P.[1], quinze ans, reçoit une première dose de Gardasil. Quinze jours plus tard, elle ressent des fourmillements des deux membres supérieurs qui vont s'estomper.

Le 13 décembre 2010, Amandine reçoit la seconde injection du vaccin.

Dans les semaines qui suivront cette deuxième injection, elle est soudain victime d'épisodes de vertiges avec vomissements, se sent faible et a des difficultés à marcher et, à nouveau, manifeste des pertes de sensibilité des membres supérieurs...

Début mars, son état s'aggrave et la jeune fille est hospitalisée au CHU de Dax pour une suspicion d'encéphalomyélite aiguë disséminée (EAD) ou de sclérose en plaques (SEP). Une IRM révèle des lésions importantes de la substance blanche[2]. Un traitement par corticoïdes permet une régression des troubles et Amandine ressort de l'hôpital dès le 21.

Mais en avril, elle fait une récidive de ce syndrome vestibulo-cérébelleux. Elle ne peut plus marcher normalement. En mai, elle est hospitalisée au CHU de Bordeaux, ses lésions de la substance blanche sont en progression. Elle reprend pourtant la marche au mois de juin et peut

1. Le prénom et l'initiale du nom ont été modifiés.

2. Située sous le cortex cérébral, la substance blanche est une catégorie de tissus du système nerveux central, principalement composés d'axones (fibres nerveuses). Elle est chargée de la propagation des informations dans le système nerveux.

regagner son domicile le 24 juin après un passage par un centre de rééducation.

Hélas, nouvelle poussée en août qui nécessite son retour au CHU de Dax et de nouvelles cures de corticoïdes. À la fin du mois, son état cette fois s'est aggravé avec paralysie faciale, perte de vue, et à nouveau de la marche.

De retour au CHU de Bordeaux, elle est traitée par échanges plasmatiques[1]. En décembre 2011, une nette régression des lésions est constatée. Son état se stabilise au fil de l'hiver puis s'améliore fortement en juin.

En août 2012, les médecins constatent l'absence de signes évolutifs depuis un an et autorisent la jeune fille à reprendre sa scolarité.

Le père d'Amandine, un Landais pur souche avec une âme de combattant, me contacte en novembre 2011.

Quand nous déclenchons les opérations pour médiatiser cette affaire, nous saisissons la commission de conciliation et d'indemnisation d'Aquitaine le 9 décembre 2011 d'une demande d'indemnisation.

À ma grande surprise, le président de la CCI, M. Mairé[2], qui est très sensible au sort des victimes, m'a téléphoné lorsqu'il a reçu le dossier d'Amandine, ce qui est inhabituel.

1. Les échanges plasmatiques (EP) sont une technique consistant à enlever le plasma du patient pour en soustraire un ou plusieurs constituants et/ou apporter par substitution un composant manquant avant de le réintroduire dans son organisme.

2. Patrick Mairé est l'auteur d'*Accidents médicaux. Règles et pratiques de la commission de conciliation et d'indemnisation*, Les études hospitalières, 2014.

Il estimait le dossier suffisamment sensible pour me proposer une audience exceptionnelle. Un rapport d'expertise (qui nous sera favorable) sur le lien d'imputabilité est alors confié aux docteurs Larbi Benali et François Rouanet, deux médecins rattachés au CHU de Bordeaux. Ils sont d'autant plus compétents sur le sujet qu'ils travaillent au centre référent sur les effets indésirables du Gardasil. Le vaccin était donc sous surveillance !

L'examen d'expertise a lieu le 30 octobre 2012 au Pôle médico-judiciaire du CHU de Bordeaux en présence des avocates et du médecin expert représentant Sanofi Pasteur.

Finalement, malgré des conclusions assez proches, les deux experts ne parviendront pas à se mettre d'accord sur des conclusions communes et remettront chacun leur rapport.

Dans le sien, le docteur Benali écrit, le 7 juin 2013, que « l'imputabilité de la vaccination sur les préjudices et dommages observés a été fixée à 50 % ». 50 % seulement car il estime que les troubles neurologiques de la jeune fille « trouvaient leur origine dans la décompensation immunitaire d'un état antérieur latent (ignoré) secondaire à un processus vaccinatoire ». Un état antérieur qu'Amandine aurait « très bien pu ne jamais décompenser en l'absence de cette vaccination… »

Dans son rapport du 23 mai 2013, le docteur Rouanet, qui fixait lui aussi un lien d'imputabilité à hauteur de 50 % au motif d'un état antérieur, précisait que

« l'évolution s'est faite sous la forme d'une SEP pour laquelle il existait une prédisposition ».

Par un avis du 18 septembre 2013, la CCI Aquitaine a considéré que la responsabilité de Sanofi-Pasteur MSD était engagée et a invité l'assureur du laboratoire à faire une proposition d'indemnisation à hauteur de 50 % des préjudices. La partie adverse a aussitôt estimé ne pas devoir faire de propositions… De notre côté, nous décidions de contester les 50 % attribués à l'état antérieur d'Amandine et donc le malus appliqué à l'indemnisation de ses préjudices.

Cette expertise a eu le mérite de retenir un lien d'imputabilité même si l'indemnisation ne serait que partielle, cette situation est d'autant plus satisfaisante qu'elle reste exceptionnelle.

En effet, par la suite, les autres expertises se sont malheureusement avérées défavorables pour toutes les autres victimes, alors que je représente à ce jour plus de cinquante victimes du Gardasil.

Les deux experts bordelais n'ont plus été désignés ! Après ces premiers rapports, toutes les nouvelles expertises ont écarté le lien d'imputabilité.

*

Je suis persuadé que si je n'ai plus jamais obtenu la reconnaissance d'un lien (même à 50 %), c'est parce que nous touchions à la sacro-sainte question du vaccin, et à la présence de l'adjuvant « sel d'aluminium ».

C'est plus que de l'inertie ! C'est tabou !

C'est ce que pensent et démontrent les professeurs Romain Ghérardi et Jérôme Authier, deux neurologues de l'hôpital Henri-Mondor à Créteil. Eux sont clairement étiquetés « fous furieux ». Ils sont partis dans un combat périlleux. Le premier ne cesse de répéter depuis quelques années que, selon ses recherches, les adjuvants à base d'aluminium sont responsables d'une nouvelle maladie baptisée « myofasciite à macrophages » (MMF) [1], une atteinte des tissus musculaires par les macrophages, ces cellules du sang qui éliminent les agents pathogènes. Ses travaux sont régulièrement contestés, lui-même est attaqué sur sa crédibilité sur le sujet. Il faut bien le dire : en France, dès que vous remettez en cause un vaccin, vous êtes un illuminé. Et si vous êtes médecin, le système vous écarte de façon impitoyable.

Pourtant ces deux éminents neurologues travaillent depuis des années sur des cas de MMF. Et ils ont pu faire la preuve de la présence d'aluminium dans les muscles voire dans le cerveau de certains patients vaccinés.

Alors je le redis ici pour que les choses soient bien claires : je ne suis pas anti-vaccin. Je suis anti- sels d'aluminium. D'autant qu'il existe une alternative qui est un constituant naturel de l'organisme très bien toléré : le phosphate de calcium.

---

1. Lire « Aluminium dans les vaccins : qui est Romain Gherardi, le professeur-gourou qui inquiète les parents ? », Anne-Laure Barret, *Le Journal du dimanche*, 16 avril 2018.

Le docteur Louis Lery, responsable du centre de vaccinations internationales de l'institut Pasteur à Lyon, s'en était inquiété dès 1986. À l'époque, la branche vaccins de l'institut Pasteur vient d'être rachetée l'année précédente par les laboratoires Mérieux pour donner naissance à Pasteur Vaccins. Les nouveaux propriétaires choisissent alors de stopper la production des vaccins à base de phosphate de calcium pour se lancer dans le tout hydroxyde d'aluminium « dans un souci de rationalisation » : « Les choses sont devenues beaucoup plus professionnelles [...] C'était des industriels ! » expliquera le directeur scientifique de l'époque, Marc Girard, dans un documentaire diffusé sur France 5 en janvier 2012[1].

Le 28 octobre 1986, le docteur Léry écrit à Jeanne-Marie Lecomte, P.-D.G. de Pasteur Vaccins pour s'inquiéter du retrait de vaccins au phosphate de calcium au profit de nouvelles versions à l'hydroxyde d'aluminium. Le 29 septembre 1987, il alerte cette fois la sous-direction scientifique du ministère des Affaires sociales. Il souligne également le fait que « les publications sur les effets toxiques ou les effets indésirables de l'aluminium et de l'hydroxyde d'alumine sont de plus en plus nombreuses, d'année en année ».

Bien entendu, face à des arguments de rationalité économique, il prêchera dans le désert...

Par ailleurs, un médecin canadien, le docteur Christopher Shaw, a travaillé sur le dossier d'autorisation

1. *Aluminium, notre poison quotidien*, Valérie Rouvière, diffusé sur France 5 le 24 janvier 2012.

de mise sur le marché (AMM) du Gardasil accordée en septembre 2006 à Sanofi-Pasteur MSD. Y figure une étude effectuée avec un groupe qui a reçu le Gardasil et un groupe qui a reçu un placebo. Leur but (et leur intérêt) était de démontrer qu'il y avait eu autant d'effets secondaires et de maladies auto-immunes dans les deux cas. Le groupe traité avec le placebo « solution saline » ayant obtenu des taux bien inférieurs d'effets indésirables lors du début de l'étude, du sel d'aluminium a ensuite été ajouté dans le placebo.

Il faudra m'expliquer l'utilité de la présence d'un produit non neutre dans un placebo qui est censé être neutre.

La députée européenne Michèle Rivasi est allée jusqu'à convoquer une conférence de presse en avril 2014, à laquelle j'étais convié, pour dénoncer cet état de fait. Jamais le laboratoire n'a réagi…

*

Le 22 novembre 2013, nous déposons une plainte devant le tribunal de grande instance de Bobigny contre Sanofi-Pasteur MSD et l'Agence nationale du médicament (ANSM) pour « violation d'une obligation manifeste de sécurité et méconnaissance des principes de précaution et de prévention ». Elle sera classée sans suite le 26 octobre 2015. Au total, les plaignantes étaient au nombre de 51 dont 34 représentées par notre cabinet.

Le parquet estimait qu'à l'issue de son enquête préliminaire et en l'état des connaissances scientifiques,

« aucune pathologie notamment auto-immune n'a été scientifiquement reconnue comme en lien de causalité certain avec ce vaccin, malgré une pharmacovigilance attentive notamment en France et les nombreuses études réalisées ». Pour lui, « aucune infraction de blessure/homicide involontaire ni de tromperie n'apparaît caractérisée en l'état ».

Peu surpris par les résistances que je rencontre, je vais dès lors déposer une plainte avec constitution de partie civile auprès du doyen des juges d'instruction dès le 7 décembre 2015.

Amandine sera auditionnée par Mme la Juge d'instruction peu de temps après au Pôle de santé, audition à laquelle je l'assisterai.

La magistrate m'a rapporté à cette occasion que le service du procureur lui avait demandé de ne pas instruire au motif que le classement sans suite du vaccin hépatite B avait été prononcé et que la situation d'Amandine était en tout point superposable !

Mes arguments l'ont cependant convaincue d'aller plus avant. Malheureusement, aujourd'hui, nous avons changé de juge et j'ai reçu une notification de la fin de l'information préliminaire qui, en l'absence de mises en examen, me laisse craindre une nouvelle ordonnance de non-lieu. Que je m'empresserai bien sûr de contester devant la chambre d'instruction !

En se lançant dans ce périlleux combat, comme ce sera le cas de Marion Larat sur les dangers des pilules de

3e et 4e génération[1], les parents d'Amandine P. avaient surtout pour intention d'informer le public. Même s'ils ne se doutaient pas de la longueur et de l'âpreté de ce qui les attendait, ils voulaient faire avancer les choses. Pour eux, l'intérêt collectif prime sur l'intérêt personnel.

Il y a deux ans, j'ai déclenché une procédure civile. Et, du coup, la partie adverse fait tout pour obtenir une nouvelle expertise. Nous n'avons pas touché un centime à ce jour alors que nous avons eu, je le rappelle, un avis favorable de la CCI le 18 septembre 2013 !

J'ai plaidé le dossier d'Amandine devant le tribunal de Dax le 2 décembre dernier et attends avec impatience le délibéré qui devait normalement être prononcé le 17 mars de cette année.

*

Leur vrai problème, je le sens bien en toile de fond, c'est que si les effets indésirables de l'hydroxyde d'aluminium sont avérés dans le cas du Gardasil, ça pourra l'être ensuite avec tous les autres vaccins ! Et alors il y a le risque évident d'une psychose sur l'ensemble des vaccins. Ça, je peux le concevoir. Et dans l'intérêt collectif, bien entendu je ne le souhaite pas.

Cela plaide juste pour le changement d'adjuvant ou le retour au phosphate de calcium. Et, franchement, je n'ai

1. Chapitre 13 : Marion Larat à l'assaut des pilules de 3e et 4e génération. Ces affaires qui font bouger la société.

pas d'explication à cette résistance. Je suis bien en peine de trouver une explication logique !

Il s'agirait d'une histoire de gros sous que cela ne m'étonnerait pas plus que ça…

Chapitre 13

Marion Larat à l'assaut des pilules de 3e et 4e génération

Ces affaires qui font bouger la société

« Si la pilule était donnée aux hommes, jamais ce silence n'aurait duré aussi longtemps ! »

André Larat, le père de Marion.

Je ne remercierai jamais assez la vie de m'avoir permis de croiser la route de Marion Larat. C'est une jeune femme tellement exceptionnelle. De l'énergie à l'état pur ! Allié à une grande intelligence, cela donne un soldat puissant et efficace. Aucun complexe pour foncer dans le tas : solliciter un ministre, interpeller les médias, dénoncer « un système mafieux » et « les labos qui biberonnent les médecins » en direct sur RTL[1], etc.

Avec une cliente comme elle, l'avocat sait qu'il pourra traverser tous les torrents !

1. Le 7 mars 2014.

Sans Marion, je ne sais pas où en serait ce combat contre les pilules de 3e et 4e génération et leurs redoutables effets secondaires. Elle est une lanceuse d'alerte, comme le docteur Irène Frachon dans le scandale du Mediator. Si vous enlevez un seul combattant, l'acharnement d'une seule victime, la lutte peut s'enliser, s'arrêter net, disparaître… Cela prouve bien que le système ne fonctionne pas bien ! Et, personnellement ça me donne encore plus la foi pour mener ces batailles qui semblent perdues d'avance…

*

Marion a grandi dans un environnement aimant et stimulant sur le plan intellectuel. Son père est professeur de mathématiques. Sa mère travaille dans une ONG, souvent partie aux quatre coins pour défendre quelques causes perdues. Sa sœur Pauline est ingénieur et diplômée de Centrale Supelec[1].

Depuis le mois de mars 2006, elle prend une pilule dite de 3e génération, la Méliane du groupe Bayer. Elle a alors dix-huit ans et demi. Élève en classe préparatoire au lycée Montaigne de Bordeaux, elle vient de passer les concours des écoles de commerce les plus prestigieuses et se prépare à entrer à l'été 2007 à HEC-Montréal Business School. Épanouie, elle semble promise à un bel avenir professionnel.

1. Le parcours professionnel brillant de Pauline est un élément dont nous nous servirons au moment de l'évaluation des préjudices pour imaginer la carrière qu'aurait pu avoir Marion.

Le mardi 13 juin 2006, alors qu'elle doit se préparer à rejoindre son petit ami pour « fêter leurs six mois » comme elle le raconte dans son autobiographie parue en 2013[1], Marion laisse son père devant le match de Coupe du monde de football France-Suisse et monte s'enfermer dans la salle de bains. Quand, soudain : « Je ne me sens pas tomber. Ça se passe si vite. Sans douleur, sans souffrance. Je me retrouve allongée entre la poubelle et le bidet. Je tente de me relever. Rien à faire, mon bras droit, ma main droite et ma jambe droite ne répondent plus. Comme morts. Aucun son ne sort de ma bouche. »

Sans aucun signe avant-coureur, Marion vient de faire un AVC massif. Un œdème s'est développé dans son cerveau. Inquiet de son silence prolongé, son père, André, enfonce la porte, la trouve sur le sol et appelle aussitôt le SAMU.

À peine installée dans une chambre du CHU de Bordeaux, elle va plonger dans un coma dont elle ne se réveillera que trois jours plus tard, avec des séquelles extrêmement lourdes, notamment une hémiplégie marquée côté droit. Elle est également frappée d'aphasie[2] et d'épilepsie…

Elle sera opérée neuf fois au CHU de Bordeaux, avant de passer des mois en centre de rééducation. Marion sera expertisée et son déficit fonctionnel permanent (DFP)

1. *La pilule est amère*, Marion Larat, Stock, 2013.
2. L'aphasie est un trouble du langage allant de la difficulté de trouver ses mots à une perte totale de la faculté de s'exprimer.

sera estimé à 65 %, proche de celui d'une paraplégique. Même si elle a su extrêmement bien s'adapter.

Au pire des séquelles, elle ne sortait que trois mots en vingt secondes, aujourd'hui elle parle quasiment normalement. Mais son bras droit reste quasiment inutilisable et elle doit à chaque pas ramener sa jambe droite dans l'axe quand elle marche. Elle ne pourra jamais courir. Sans parler des séquelles psychologiques. De ses efforts quotidiens pour repousser la dépression…

À peine quatorze mois après son AVC, Marion s'envole pour le Québec et les bancs d'HEC Montréal pour suivre sa première année mais ce sera un échec complet. La famille était alors dans un déni total. Ils s'étaient convaincus que les séquelles allaient disparaître. Comment le leur reprocher ? En fait, ils ne pouvaient pas admettre que le destin de leur fille venait de basculer. Ils lui ont dit : « Allez, Marion, tu tentes… » Et elle en bon soldat est partie au Québec. Elle vivait en colocation mais à cette époque-là, elle parlait très mal. C'était vraiment mission impossible pour elle. Quels que soit son courage et son intelligence…

Entre 2006 et 2010, personne ne lui dit rien des causes possibles de son AVC. Et puis lorsqu'un jeune homme entre dans sa vie, en 2010, elle envisage de reprendre la pilule. La nouvelle gynécologue consultée, au vu de ses antécédents médicaux, la dirige vers une hématologue du CHU qui se procure son dossier. Et lui téléphone quelques jours plus tard :

« J'ai regardé votre dossier et comme vous le savez votre AVC est dû à la pilule…

— Pardon ?

— Votre AVC est dû à la pilule. Aucun médecin ne vous a prévenue ? C'est pourtant écrit noir sur blanc dans votre dossier. Vous êtes porteuse d'une anomalie de la coagulation du sang, le facteur II de Leiden, et la pilule augmentant les risques de thrombose [1]… »

Marion comme ses parents tombent des nues et découvrent donc, quatre ans après son AVC, que la jeune femme est porteuse d'une mutation génétique, le « facteur II de Leiden », un véritable accélérateur de coagulation. Ce qui expose à des thromboses, des phlébites, des embolies pulmonaires et des accidents vasculaires cérébraux. C'est, bien entendu, une contre-indication absolue à la prise de pilule. Or, et c'est hallucinant, l'examen de recherche de ce facteur, une simple analyse de sang facturée 19 euros, n'est toujours pas obligatoire avant la prescription d'une pilule contraceptive !

Manque de chance, Marion a également, comme 25 % de la population, un Foramen Oval Perméable (FOP) : une sorte d'anomalie du cœur entraînant une communication entre les deux oreillettes. Il se peut alors qu'un caillot sanguin venant de la circulation veineuse se glisse par cet orifice et aille obstruer un vaisseau dans la circulation cérébrale, entraînant une attaque cérébrale, ou aille boucher une artère coronaire, occasionnant un infarctus du myocarde…

1. *La pilule est amère*, *op. cit.*

Elle engagera le combat avec d'autant plus de révolte que tout ce temps a été perdu à cause du silence du corps médical, de la non-déclaration des effets indésirables. Elle ne pardonnera jamais qu'aucun médecin ne lui ait dit la cause de son accident vasculaire et l'expose ainsi à une récidive !

Il est important de préciser ici, pour ne surtout pas créer de psychose inutile que, si le risque d'embolie pulmonaire ou d'AVC existe pour toutes les pilules qu'elles soient de 1re, 2e ou de 3e-4e génération, il est doublé pour les 3e et quadruplé pour les 4e génération dans les premiers mois de la prise de la pilule. D'ailleurs, une étude menée par l'Agence nationale de sécurité du médicament (ANSM) en 2014 sur toutes les embolies pulmonaires recensées en 2013 montrera que chez les quinze-dix-neuf ans, on relevait une diminution des cas de 19,1 %, et au total 341 hospitalisations en moins pour embolie pulmonaire. À mettre en relation directe avec la chute de 50 % des ventes de pilules dernières générations cette année-là[1].

Le père de Marion, qui est un obstiné, va retourner le problème dans tous les sens et découvrir l'association AVEP[2] dirigée par un homme qui a perdu sa fille après une courte prise de pilule.

---

1. Phénomène qui se poursuivra : les pilules de 3e et 4e génération qui représentaient 48 % du marché en 2012, ne pèseront plus que 21 % des ventes en 2015.

2. Association des victimes d'embolie pulmonaire et AVC liés à la contraception hormonale créée en 2009.

L'association avait du mal à se faire entendre avec un président courageux mais qui était débordé et étouffé par sa souffrance et son émotion. À leur contact, André Larat comprend bien qu'il s'agit d'un sujet sensible qui concerne toutes les jeunes filles !

*

Marion Larat va déclencher un recours devant la Commission de conciliation et d'indemnisation (CCI). Elle va obtenir un rapport d'expertise qui retient l'imputabilité de ses séquelles à la prise de la pilule. Pour les experts, il s'agit bien d'un « accident médical ».

Elle doit dès lors choisir entre accepter l'indemnisation de l'ONIAM ou partir en procédure. Au civil, pour obtenir une meilleure indemnisation et au pénal pour porter l'affaire sur la place publique, pour alerter sur la dangerosité des pilules de 3e et 4e génération.

Quand je les reçois au printemps 2012, avec leur dossier d'expertise, c'est parce que les choix de leur conseil ne correspondent plus à leurs objectifs. Ils recherchent un avocat plus spécialisé dans ce type de dossiers et plus apte à déclencher une forte médiatisation.

Ce jour-là, leur discours me fait prendre conscience qu'une jeune fille pouvait se mettre en grave péril simplement en décidant de prendre une pilule contraceptive !

La grosse difficulté de ce dossier est d'établir scientifiquement le lien d'imputabilité entre la prise de cette pilule et l'apparition de l'AVC.

Dans des dossiers comme l'amiante ou le Mediator, on retrouve une pathologie spécifique au produit. Un cancer du poumon très spécifique pour la première et des atteintes particulières des valves cardiaques pour le second. Là, notre route s'annonce plus longue et accidentée…

Ce qui est incroyable, c'est qu'il y a déjà eu, à la fin des années 90, en Angleterre et en Suisse, des contentieux sur ce sujet. En 2012, une *class action* a même été lancée aux États-Unis avec de grosses indemnisations à la clé. Mais, ça me laisse perplexe, ces problèmes de santé ne franchissent pas les frontières malgré Internet !

Environ un an après la prescription faite à Marion, la Haute Autorité de la santé (HAS) recommande en 2007 aux médecins de songer à prescrire plutôt les pilules de 1re et 2e génération en première intention. En effet, celles-ci sont plus naturelles et donc moins chimiques. Et ensuite, si tout se passe bien, on peut éventuellement envisager de passer à une pilule 3e-4e génération.

Une majoration des effets secondaires a été mise en évidence avec un plus grand nombre d'embolies pulmonaires. Mais, apparemment, les médecins ne lisent pas les recommandations de la HAS qui sont publiées sur son site !

Il faut quand même savoir que, cela paraît incroyable, le Planning familial était dans les années 2000 fourni exclusivement – et gratuitement par les laboratoires – en pilules de 3e et 4e génération. Prétextant qu'elles seraient de meilleure qualité !

Une bonne façon de « fidéliser » des « clientes ». C'est bien entendu une pure stratégie commerciale. Souvent les patientes gardent la même pilule pendant des décennies. Elles restent fidèles à la marque si j'ose dire…

En fait, dans les années 70-80, le coût des pilules de 1re et 2e génération est volontairement fixé à un prix modéré par les laboratoires afin d'en faciliter l'accès aux femmes et la prise en charge par l'organisme social. Les laboratoires vont créer les 3e génération dans les années 80 puis les 4e génération dans les années 90. Que bien sûr ils vendent plus cher. Recherche et développement obligent…

Avec moults arguments pour convaincre les femmes d'adopter leurs nouvelles pilules : un teint plus lumineux, un plus bel éclat des cheveux, moins de maux de ventre… Et surtout ces pilules sont supposées être « microdosées ». Or ce n'est pas du tout le cas, elles sont même bien plus chimiques que les précédentes. Comme l'avenir le montrera, il s'agissait de produits inutiles dotés de ratios bénéfices-risques et coût-efficacité défavorables !

*

Lorsque Marion et sa famille viennent me solliciter en mars 2012, je sens que désormais la vie de la jeune fille, comme celle de ses parents, est vouée à ce combat contre ces pilules. Qu'ils veulent passer à la vitesse supérieure et tout renverser. Je leur tiens un langage très direct : « Il y a désormais deux options. Soit on ne s'occupe que de vous Marion. Soit on veut que l'information passe et on dépose une plainte au pénal. Au risque de retarder l'indemnisation mais pour taper fort et éviter que cela ne se reproduise. À nous de trouver la meilleure manière de favoriser la prise de conscience des prescripteurs et des utilisatrices. »

Ils n'hésitent pas une seconde, le choix est fait de porter le drame de Marion à la connaissance du plus grand nombre. Et rien ne pouvait mieux capter l'attention des médias qu'une plainte au pénal. Le vendredi 14 décembre 2012, Marion dépose une plainte pour « tromperie » et « blessures involontaires » contre le directeur-général de Bayer-Santé auprès du procureur de Bobigny. Sa plainte vise également le DG de l'ANSM à qui il est reproché de n'avoir pas demandé le retrait de cette pilule du marché « en violation manifestement délibérée du principe de précaution ».

Le même jour, un remarquable article du *Monde*[1] va donner un écho considérable à notre démarche. Les trois journalistes y soulignent combien notre combat a, depuis quelques mois, le vent en poupe : « À peine étaient-ils sortis du ministère de la Santé le 19 septembre, que Marisol Touraine[2] annonçait le déremboursement qui prendra effet en septembre 2013 des pilules de 3e génération – celles dites de 4e génération ne sont pas

1. « Alerte sur la pilule de 3e et 4e génération », Sandrine Cabut, Pascale Kremer et Pascale Santi, *Le Monde*, 14 décembre 2012.

2. Alors ministre de la Santé du gouvernement socialiste de Jean-Marc Ayrault.

remboursées. » Il est vrai que le ministère avait été chaudement alerté dès juin 2012 par un avis de la commission de transparence de la HAS qui « au regard du danger présenté par ces pilules estimait qu'elles ne devaient plus être prises en charge ».

Comme le précisera l'enquête du *Monde*, « cette première plainte au pénal comme le déremboursement programmé intervient dans un contexte de montée des inquiétudes et des procédures judiciaires un peu partout dans le monde occidental. Aux États-Unis, au Canada, en Australie, en Suisse et en Allemagne, des milliers de plaintes ont été déposées ou sont à l'étude ! »

Pour nous, c'est une première victoire, la fusée est mise à feu et tout le monde en a été informé ! Du côté des laboratoires Bayer, à ce point de l'histoire, c'est le silence radio !

Au même moment, dans notre cabinet bordelais, nous organisons dans l'après-midi une conférence de presse avec Marion et ses parents. Je suis étonné par le nombre de journalistes présents, plus de 40 ! Et aussi par cet intérêt immédiat. En fait, un très grand nombre a lu l'article du *Monde* et il y a eu un véritable effet de surprise. Le portrait de Marion signé Pascale Kremer a beaucoup ému. Marion est bien le porte-drapeau idéal pour prendre la tête de ce combat éclair.

Quinze mois plus tard, elle sera d'ailleurs désignée « femme de l'année 2013 » par les rédactions de RTL, France 2 et *Marie-Claire*. En direct sur l'antenne de la radio, le 7 mars 2014, elle frappera tout le monde par son naturel, sa modestie et sa sincérité. Ce jour-là, le soldat est en colère et ne mâche pas ses mots. Marion explique à quel point elle en veut au laboratoire d'avoir banalisé « sa mini-pilule » aux conséquences si imprévisibles : « Je voudrais dire que nous sommes victimes d'un système complètement corrompu, d'un système mafieux. Entre l'ANSM qui ne fait rien et les labos qui biberonnent les médecins ! »

Dans les trois semaines qui suivent la parution de l'article du *Monde*, plus de 700 jeunes filles me contactent. Je constitue des centaines de dossiers, près de 300, dont un quart de victimes d'AVC et les autres d'embolies pulmonaires qui ont été prises à temps dans la grande majorité, et donc heureusement avec très peu de séquelles.

Quasiment toutes ont le même profil : jeunes, en bonne santé, sportives, studieuses, menant une vie saine. Pratiquement aucune fumeuse par exemple. Dans leur existence, le premier événement agressif sera la prise de cette pilule !

Mon but était d'avoir des plaignantes pour chacun des laboratoires qui fabriquaient des 3e et 4e génération. Nous en avons recensé 80. Ce qui prouve bien que c'est un marché juteux ! Très vite, le parquet comprend l'ampleur de ce contentieux de masse et va transmettre au Pôle santé publique de Paris [1], l'outil le plus adapté à ce genre de situation avec ses magistrats instructeurs spécialisés. À ce moment-là, c'est censé nous rassurer !

---

1. Lire à ce sujet « Dieselgate, Levothyrox : dans les coulisses du Pôle santé », Valérie de Senneville, *Les Échos*, 15 novembre 2017.

Nous ne savons pas encore que nous sommes partis pour quatre années d'enquête préliminaire de décembre 2012 à juin 2017. Ce qui reste une durée exceptionnelle, voire aberrante. Quatre années d'une procédure opaque, ce qui est le principe même d'une enquête préliminaire. Au moins savons-nous que des auditions ont lieu, qu'il y a un travail de fait. Les parents de Marion sont interrogés par la gendarmerie de leur ville, Marion, elle, le sera à Bordeaux.

Depuis que nous avons brisé l'omerta sur le sujet, on sent que les passions sont exacerbées. Sans doute est-ce à la hauteur des enjeux financiers pour les laboratoires. Un journaliste très médiatique va même me téléphoner pour me dire que je suis « un type inconscient », que je discrédite les pilules contraceptives et que « ça va relancer les avortements ». Ce qui bien sûr n'aura heureusement pas lieu…

Une journaliste d'une grande chaîne de télévision me racontera qu'elle aura le plus grand mal du monde à faire diffuser telle quelle une enquête sur les risques de ces pilules de 3e et 4e génération. Son reportage montrait combien il était difficile de faire passer le message aux médecins prescripteurs. Qu'il y avait encore, en 2013, des prescriptions de ces pilules en première intention. Pour être diffusée, elle devra édulcorer son travail.

*

Le 16 juin 2017, l'affaire est classée sans suite : un vrai coup de massue. Quatre ans pour nous sortir des arguments aussi fragiles ! Pas une seule expertise judiciaire n'a été menée, il n'a pas davantage été tenu compte des expertises civiles que j'ai communiquées. On nous rétorque qu'il n'y a « pas de lien de causalité certain » entre la prise de la pilule Méliane et les blessures subies par Marion. Que, par ailleurs, il n'y avait pas à l'époque des faits d'obligation réglementaire pour le laboratoire de mentionner dans la notice de son médicament l'existence d'un sur-risque thrombo-embolique sous pilule œstro-progestative de 3e ou 4e génération.

On nous parle aussi de prescription alors que pour « blessure involontaire et tromperie » le délai était à l'époque de trois ans (six ans aujourd'hui). Or, le point de départ du délai de prescription ne peut être que le jour de la connaissance du risque, c'est-à-dire à compter du 14 décembre 2012, lorsque Marion s'est exprimée.

Des objections qui de toute évidence ne résisteraient pas à une approche un peu plus juridique…

Pour moi, et il faut le dire haut et fort, ce classement sans suite trouve son origine dans les pressions très fortes exercées par des lobbies.

Les enquêtes préliminaires pour les affaires de l'amiante et du vaccin contre l'hépatite B ont duré des années. Ça a marqué les décideurs au fer rouge et ils ne veulent plus de dossiers comme ceux-là !

Après cette décision du parquet, nous sommes contraints de nous constituer partie civile pour ne pas voir ce scandale enterré.

Quand je dépose les plaintes avec constitution de partie civile pour « blessures involontaires », je choisis de me focaliser sur trois cas : Marion, la plus emblématique, et deux autres qui sont les plus représentatives des 300 dossiers.

Le juge d'instruction nous convoque en pré-instruction au tribunal de Paris et bien entendu sur trois matinées différentes. Il va poser des questions fort désagréables. Chacune se sentira plus coupable que victime en ressortant de son bureau. En gros, il leur est reproché de vouloir mener un combat absurde, et de ne pas savoir lire une liste d'effets indésirables[1].

Cela fait partie des deux ou trois auditions les plus détestables de toute ma carrière ! Une agressivité injustifiable vis-à-vis de ces trois jeunes femmes. Deux ont fondu en larmes. Même la greffière, qui avait de l'empathie pour elles, semblait gênée.

J'avais le sentiment d'avoir affaire à un magistrat qui ne comprenait pas la démarche de ces jeunes femmes. Visiblement opposé à ce combat, il voulait de toute évidence les culpabiliser sur le coût de cette nouvelle procédure. Il écoutait certes mais on sentait que pour lui cette affaire était entendue. La pilule était nécessaire et utile. Point final !

Après ces trois auditions, il va, sans grande surprise pour moi, et non sans avoir pris son temps, refuser d'ouvrir une instruction en octobre 2018. Je conteste ce refus devant la chambre d'instruction de la cour d'appel

1. Si l'embolie pulmonaire (contrairement à l'AVC) était citée dans la notice de la pilule Méliane, aucune majoration de risque n'était évoquée.

de Paris, début juillet 2020, qui me donne raison sur deux des trois dossiers (dont celui de Marion), la troisième sera retoquée pour cause de prescription. Dans leur arrêt[1], les magistrats vont considérer qu'il « a été estimé à tort que le lien de causalité entre la prise de la pilule et l'AVC n'avait pas été établi de façon certaine... » Une vraie victoire après tant de désillusions.

Le lundi 26 octobre 2020, je pourrai donc annoncer lors d'une conférence de presse qu'une instruction est enfin officiellement ouverte... Une nouvelle juge d'instruction a été désignée et mes deux plaignantes doivent désormais être auditionnées.

Concernant notre procédure au civil, le tribunal judiciaire de Bordeaux (qui n'a pas retenu la faute du laboratoire) a reconnu l'accident médical le 8 février 2018. Les magistrats avaient alloué à Marion une provision de 550 000 euros que devait verser l'ONIAM mais hélas sans exécution provisoire. En termes de trésorerie, cela limitait notre champ d'action. Pas un centime de versé et devant nous une procédure qui pouvait durer douze à vingt-quatre mois. Or Marion a besoin d'une tierce personne, souffre de crises d'épilepsie et ne peut exercer la moindre activité professionnelle. Après déjà douze années de combat sans aucune aide financière, il m'était difficile de lui proposer d'aller en appel contre Bayer dans ces conditions, car cela représentait au moins cinq ans de procédure !

1. Qui sera révélé par l'Agence France Presse (AFP).

Était-ce une façon de forcer un peu Marion à accepter l'indemnisation ?... C'est un accident médical évident, un dossier ancien, rien ne justifiait de ne pas accorder l'exécution provisoire !

Heureusement, par un nouveau jugement du 2 septembre 2020, le tribunal judiciaire de Bordeaux va définitivement liquider les préjudices de Marion [1].

*

Décidément, ce marathon judiciaire s'avérera plus éprouvant et imprévisible qu'imaginé. Dans le volet pénal, je bute, je n'y arrive pas. Sur la faute du laboratoire, j'ai le sentiment d'un enlisement... On est encore à la case départ. Une nouvelle instruction a certes été ouverte en octobre dernier mais j'attends toujours de véritables expertises judiciaires. Imaginez-vous que la plainte initiale date déjà d'il y a huit ans !

Je dois bien l'admettre, ce dossier a été un franc succès en termes d'indemnisation au civil, en termes de médiatisation et d'évolution de la société bien sûr, mais un cruel échec sur le plan pénal !

Et puis, je dois dire que je reste perplexe : en 2021, les pilules de dernière génération sont toujours sur le marché. Et il n'y a toujours aucune remontée sur les prescriptions en première intention qui continuent, nous le savons. Pourtant la Caisse nationale d'assurance-maladie (CNAM) pourrait les fournir. Alors, soyons

1. Marion Larat obtiendra 4,5 millions d'euros et une rente annuelle de 25 000 euros.

clairs, on sait mais on ne veut pas chercher ? C'est toute une logique de la santé publique et du rapport bénéfices-risques qui est en jeu ici.

J'espère sincèrement que je ne me suis pas trompé lorsque j'ai dit que l'affaire Marion Larat avait fait bouger les mentalités en profondeur. Que certains lobbies et autres frilosités ne vont pas aboutir à une sorte de *statu quo*. Et surtout qu'il n'y aura pas d'autres Marion.

Chapitre 14

La justice est déficiente…
mais c'est la justice

Le mystérieux décès de la petite Sabine M.

« Pas forcément brillant, mais toujours vaillant ! » ai-je coutume de répéter me concernant. Être brillant en toutes circonstances est un objectif difficilement réalisable. L'être parfois est déjà extraordinaire.

En revanche, être vaillant n'est qu'une question de courage.

Et j'ai la réputation du type qui ne lâche pas !

Avec mes associés, nous sommes persévérants au-delà du raisonnable dès lors que nous sommes convaincus de la cause à défendre. Cela s'avère parfois une perte d'énergie, de temps et même d'argent mais qu'importe. Je pense, en toute modestie, pouvoir prétendre que ce sont des qualités qui nous sont reconnues. Le monde médical et celui des assureurs connaissent bien notre obstination…

Dans le dossier de la petite Sabine M.[1], dont le décès restera longtemps inexpliqué, on ne peut pas évoquer la lenteur de la justice. Lenteur que je rencontre trop souvent dans des dossiers où l'instruction s'enlise. Là, il s'agit plutôt d'un dysfonctionnement majeur qui ne peut s'expliquer que par une forme de je-m'en-foutisme inacceptable.

Voilà une affaire où le parquet va m'informer après une enquête préliminaire quelque peu sommaire, dirons-nous, qu'il s'agit d'un simple accident. Sabine, un bébé de dix-huit mois, serait morte, le 18 novembre 2011, en s'étranglant avec son écharpe qui se serait accrochée à une petite branche de noisetier alors qu'elle était sous la surveillance de sa nounou. Telle est l'histoire incroyable qu'un temps le parquet a estimée plausible.

*

Le 31 janvier 2013, nous recevons du procureur de Bordeaux un courrier laconique (trois lignes si on enlève les formules de politesse) qui nous informe que l'enquête préliminaire « n'a révélé aucun indice suspect » et que « par conséquent ce dossier a fait l'objet d'un classement sans suite »...

Vous avez la mort brutale d'une petite fille d'un an et demi dans des circonstances plus qu'obscures avec une

1. Le prénom et l'initiale du nom ont été modifiés.

déclaration aberrante de la nounou, mais ça n'a l'air d'émouvoir personne.

Deux options s'offrent alors à nous :

— soit nous acceptons la position du tribunal et les parents de Sabine ne pourront jamais faire leur travail de deuil avec tant de questions en suspens ;

— soit nous exigeons du système judiciaire d'apporter un peu plus d'attention aux circonstances du décès de cette enfant et nous nous constituons partie civile afin d'obtenir l'ouverture d'une instruction.

Notre objectif principal n'était pas de faire condamner l'assistante maternelle, mais toujours la recherche de la vérité. Et, très sincèrement, le scénario considéré comme acceptable par le parquet nous paraissait totalement invraisemblable.

*

Tout commence le 18 novembre 2011. Un peu avant 10 h 55, les pompiers reçoivent un appel confus d'une femme qui leur dit : « La petite fille est tombée […] elle s'est accrochée dans le parc avec son écharpe, elle s'est étranglée […] Je n'ai rien pu faire, elle est morte. »

Les policiers municipaux et les secours arrivent aussitôt au domicile de la nounou de Sabine à Bruges, en banlieue nord de Bordeaux et constatent l'arrêt cardiovasculaire d'une enfant de dix-huit mois, résistant à toute réanimation. Cette femme, que nous appellerons

Myriam R., assistante maternelle agréée, déclare avoir la garde de Sabine et d'un petit garçon du même âge.

« Passablement choquée », selon les policiers, elle leur explique que l'accident a eu lieu il y a moins d'une heure alors qu'elle se promenait avec les deux enfants dans le parc Treulon. Sans être vraiment précise, elle explique que Sabine avait échappé un instant à sa vigilance et que l'écharpe de la petite fille s'était prise dans les branches d'un noisetier provoquant un étranglement. La nounou a ensuite, dit-elle, dégagé Sabine et constatant son état est remontée à son domicile en courant et en portant les deux enfants sur près de 600 mètres et jusqu'à son deuxième étage sans ascenseur.

Ce n'est qu'une fois chez elle qu'elle a alerté la police, car elle avait, assure-t-elle, laissé son téléphone portable en charge dans son appartement... Elle est donc repartie chez elle avec une enfant inanimée dans les bras au lieu de crier au secours dans le parc [1], de solliciter des passants pour emprunter un téléphone, de sonner à n'importe quel immeuble sur le chemin...

C'est un scénario bourré de failles et insensé mais qui va pourtant satisfaire les enquêteurs et aboutir à ce classement sans suite dont nous serons informés fin janvier 2013 !

L'autopsie révélera bien l'existence d'un syndrome asphyxique, cause du décès de Sabine. Un brin de laine

1. Elle déclarera qu'il n'y avait personne dans le parc à cette heure-là, ce qui sera infirmé par plusieurs témoins.

est également trouvé accroché à une petite branche, presque une tige, d'un noisetier dans le parc. Une frêle branche que Myriam R. désignera comme celle à laquelle l'écharpe de Sabine s'est accrochée lorsqu'un policier l'accompagnera sur les lieux l'après-midi même. Ce petit bout de laine, qui est bien entendu mis sous scellé pour être comparé avec la fibre de l'écharpe de la petite fille, sera ensuite égaré dans un des couloirs de la justice. Quand les choses s'engagent mal en général, ça va de mal en pis…

Dans les suites de notre plainte, le juge d'instruction va auditionner les parents en manifestant une empathie sincère. Mais la magistrate ne cachera pas son étonnement face aux conclusions de l'enquête préliminaire. Le scénario lui paraît à elle aussi totalement invraisemblable. Elle va aussitôt demander une reconstitution qui sera réalisée le 13 novembre 2014. Il aurait fallu l'envisager dès le départ.

Passons sur l'incroyable malchance d'être étranglée par son écharpe accrochée à une branche souple d'un cruel noisetier. Mais arrêtons-nous sur l'expédition hallucinante que la nounou prétend avoir menée sur 600 mètres et avec les deux enfants dans les bras. Exploit qui s'est avéré impossible à réaliser pour elle le jour de la reconstitution.

Avec un seul mannequin de 10 kilos (au lieu de deux), elle s'est vite épuisée au point de tomber au sol, à bout de souffle, après 100 mètres à peine.

En toute logique, cette odieuse personne a aussitôt « craqué » et reconnu n'être jamais allée dans ce parc ce jour-là mais avoir laissé les enfants sans surveillance dans l'appartement.

Dès le lendemain, elle sera mise en examen pour avoir « dans le cadre de ses fonctions d'assistante maternelle, par négligence, inattention et notamment défaut de surveillance causé involontairement la mort de Sabine M. », en clair pour « homicide involontaire ».

Il s'est avéré que Myriam R. était passionnée par des jeux de rôle en ligne, plus particulièrement « les Royaumes renaissants », activité à laquelle elle s'adonnait plusieurs heures par jour depuis plus de cinq ans. Elle fuyait ainsi son quotidien en se réfugiant dans un monde virtuel, où son avatar était une princesse dénommée Salinda. Un hobby peu compatible avec la surveillance des jeunes enfants de dix-huit mois.

Sa passion pour les jeux de rôle peut probablement expliquer sa capacité, lors de sa toute première audition, à échaffauder un scénario, certes invraisemblable, mais suffisamment étoffé pour convaincre des policiers et même un procureur.

Myriam R. n'a jamais reconnu sa responsabilité dans la mort de Sabine et n'a pas davantage présenté ses excuses à la famille.

Très vite, elle déclare être atteinte d'amnésie sur le déroulement de la journée du drame. Amnésie bien confortable pour elle et bien cruelle pour les parents de

Sabine, expression d'une lâcheté certaine de cette ex-assistante maternelle.

*

Alexandre M.[1], le père de Sabine, s'en est voulu considérablement. Il s'estimait responsable parce qu'il avait eu, un mois avant le drame, une possible alerte sur le défaut de surveillance des enfants par la nounou. Il était arrivé un peu avance ce jour-là et avait rencontré Myriam R. à l'extérieur de son domicile avec un autre enfant.

L'assistante maternelle ne s'était pas démontée et lui avait dit, avec un grand sourire, que l'une de ses amies, assistante maternelle, surveillait les enfants dans l'appartement. Elle s'empressa d'aller chercher Sabine en demandant au père de l'enfant de l'attendre devant la porte de l'immeuble.

Lui se reprochera toute sa vie de ne pas avoir vérifié ses dires. Il n'y avait jamais eu d'assistante maternelle chez elle ce jour-là : elle avait laissé Sabine seule dans son appartement.

Entre son addiction pour les Royaumes renaissants et ses multi-employeurs, Myriam R. vivait dans son monde à elle. En l'absence de tout témoin au sein du huis clos de l'appartement, on ne saura jamais comment est survenue la « strangulation douce » qui a causé la mort de Sabine. Ce qui est effroyable pour les deux familles.

1. Le prénom et l'initiale du nom ont été modifiés.

Le 7 février 2017, Myriam R. sera condamnée à deux ans de prison dont un an avec sursis. Pour les magistrats bordelais, « la gravité des faits indéniable », sa « soi-disant amnésie lacunaire[1] » ainsi que son « récit imaginaire précis » justifient « une peine de prison ferme assortie partiellement d'une mise à l'épreuve avec obligation de soins ».

Myriam R. aura cependant le culot de faire appel. Mal lui en a pris : le 5 décembre 2017, la cour d'appel de Bordeaux confirme la peine principale et ajoute une interdiction définitive d'exercer la profession d'assistante maternelle[2] !

Malgré toutes les occasions qui lui ont été offertes, notamment lors des deux audiences, elle ne s'est jamais départie de ce comportement détestable et pathologique. Je suppose que, passé un certain stade d'addiction à ces jeux de rôle, ces personnes confondent totalement la réalité et leur vie virtuelle. Ils croient à leurs propres mensonges, j'en suis persuadé.

De là à en convaincre un magistrat et plusieurs enquêteurs, c'est plus difficile à comprendre…

---

1. La perte de mémoire concernant un événement précis.
2. Elle confirmera aussi toutes les dispositions civiles et le jugement sur les sommes allouées aux parties civiles.

Chapitre 15

Essai thérapeutique de Rennes

Guillaume Molinet, la mort au banc d'essai

Lorsqu'il signe son formulaire de consentement pour intégrer le groupe M5 de l'essai thérapeutique mené par le laboratoire breton Biotrial, le volontaire 2508 est loin d'imaginer qu'il n'en sortira pas vivant.

Pour une indemnité de 1 900 euros, Guillaume Molinet, âgé de quarante-neuf ans, vient tester pendant dix jours les effets sur l'homme d'une mystérieuse molécule baptisée BIA 10-2474 et élaborée par le laboratoire portugais Bial… Le formulaire d'information de Biotrial lui dit qu'elle « est développée pour le traitement de plusieurs troubles médicaux modulés par le système cannabinoïde » avant de lister un nombre impressionnant de pathologies allant des troubles de l'anxiété à la sclérose en plaques en passant par la maladie de Parkinson, le cancer (!) mais aussi l'infarctus du myocarde et l'AVC… En bonne santé, Guillaume signe et se présente le dimanche 10 janvier 2016 au centre de recherche rennais du laboratoire en toute confiance.

Marié, père de deux enfants, artiste peintre et chanteur de jazz, il veut profiter de cet argent pour enregistrer son nouveau CD avec son frère Laurent qui est musicien aussi.

Il décédera le dimanche suivant d'un AVC massif diagnostiqué six jours plus tôt mais probablement pris en charge trop tardivement.

Laurent Molinet me contacte neuf jours seulement après la mort de son frère. Lui et Florence, la compagne de Guillaume, sont effondrés, furieux. Ils veulent comprendre comment on a pu en arriver là. L'attitude de l'hôpital a fait naître chez eux beaucoup de suspicion. Le refus entre autres de le laisser rencontrer les autres familles des volontaires a profondément agacé Laurent. Il a eu le sentiment qu'on voulait cloisonner les victimes...

L'avenir lui donnera raison. Cette affaire scandaleuse va, au fil des diverses enquêtes et des révélations, laisser apparaître tous ses doubles fonds. Montrer son vrai visage : une invraisemblable succession de dysfonctionnements et de négligences mais aussi d'indulgences coupables, pour ne pas dire de connivences.

*

Le laboratoire portugais Bial appartient à une fondation créée en 1994 par la famille Portela. Plus que des scientifiques, ce sont pour moi des illuminés, des passionnés de parapsychologie. Le père, Luis, et son fils, Antonio, désormais directeur général, veulent apporter la preuve scientifique que le surnaturel est une science. Que l'on peut par exemple déplacer des objets ou tordre du métal à distance par la seule puissance du cerveau.

Président de la fondation Bial, Luis Portela veut être le père de cette nouvelle science. Il veut apporter la preuve scientifique qui mettra en évidence ces pouvoirs inimaginables du cerveau humain !

En sollicitant le laboratoire Biotrial, ils avaient pour objectif de faire tester lors d'un essai thérapeutique une molécule baptisée BIA 10-2474 sur laquelle ils restent plutôt discrets quant à l'objectif recherché. Dans leur protocole comme dans le formulaire d'information fourni aux volontaires.

Nous savons seulement que cet endo-cannabinoïde[1] intervient dans le circuit de la récompense, une molécule proche de la THC du cannabis produite par le cerveau humain mais sous contrôle d'inhibiteurs. Bial veut parvenir à bloquer ces inhibiteurs. Leur volonté serait de permettre au cerveau de s'exprimer plus librement et de déclencher d'éventuelles forces cérébrales supérieures.

Comme l'écrira, dans son rapport du 10 mars 2016, le professeur Marescaux, éminent neurologue strasbourgeois que j'ai sollicité pour une analyse scientifique de la problématique, « le protocole fourni par Bial énonce (selon lui) des généralités inconsistantes et ne fait jamais appel à des données de littérature scientifique ». Il s'étonne que l'Agence

1. Dans l'univers de la parapsychologie, les endo-cannabinoïdes sont considérés comme les médiateurs potentiels des phénomènes para-psychologiques.

nationale de sécurité des médicaments et des produits de santé (ANSM) s'en soit satisfaite pour donner son autorisation, le 26 juin 2015...

Il constatera que, dans la lettre d'information fournie aux volontaires par Biotrial comme dans le protocole Bial, le BIA 10-2474 est présenté comme une sorte de produit-miracle qui « semble offrir des promesses thérapeutiques dans un très grand nombre de maladies ». Suit effectivement une liste de « treize pathologies » dont les troubles de l'anxiété, la maladie de Parkinson, la sclérose en plaques, les lésions de la moelle épinière, le cancer, l'infarctus du myocarde, l'AVC, l'hypertension, l'obésité et l'ostéoporose. Excusez du peu !

Or, le professeur Marescaux va découvrir que ces perspectives si prometteuses sont en fait un copier-coller d'un article publié en 2006 par une équipe américaine du Maryland qui faisait état d'un essai clinique sur les éventuels bienfaits thérapeutiques [1] de la molécule.

Dans son expertise, il souligne également que « le rôle physiologique des endo-cannibinoïdes sur le contrôle des capacités cognitives, des émotions et du comportement est très largement étudié mais que la complexité des systèmes endo-cannabinoïdes et la multiplicité de leurs interactions font que, dans l'état actuel des connaissances, leur manipulation pharmacologique paraît imprudente chez l'homme ».

1. « Essai de Rennes un mort pour une “molécule poubelle” », Michel de Pracontal, Médiapart, 11 avril 2016.

En résumé, concernant une molécule aussi imprévisible, ce neurologue chevronné estime que l'essai en question, étayé par aucune base scientifique sérieuse, était imprudent et risqué pour les volontaires…

*

Fort de l'ambitieuse mission confiée par Bial, le laboratoire Biotrial allait tout mettre en œuvre pour que cet essai thérapeutique permette à la famille Portela de se rapprocher au moins un peu de son Graal.

Dans la version numéro 3 en date du 19 octobre 2015 de son « formulaire d'acceptation », le laboratoire breton rendait compte des études sur animaux réalisées pour Bial via deux laboratoires sous-traitants suisse et espagnol. Il soulignait les effets antidouleur et anti-inflammatoire du BIA 10-2474 constatés alors, précisait que ces études n'avaient révélé « aucun effet sur l'état comportemental, sur le transit gastro-intestinal et sur la fonction rénale » ni « aucun effet majeur sur les signes vitaux (pression artérielle et fréquence cardiaque) » sur les cobayes.

Tout ceci n'avait pour objectif que de rassurer les volontaires qui devaient signer le formulaire de consentement (et l'ANSM).

Jusqu'à ce que l'item suivant sur les « risques et contraintes potentiels » ne leur apprenne qu'en « raison du mécanisme d'action du BIA-10-2474 », « des effets de type cannabinoïdes pourraient apparaître ». Et la liste des effets indésirables qui suivait se révélait vertigineuse. Il y était question « d'accélération du rythme cardiaque, de baisse de la pression artérielle, de troubles de la digestion, de vertiges » mais aussi « de dépression, d'hallucinations, de paranoïa » !

Biotrial, un des centres privés de recherche médicale les plus importants de France pour les essais cliniques, va suivre à la lettre les recommandations du protocole de l'essai thérapeutique, constater les effets secondaires graves mais, hélas, pour Guillaume Molinet ne pas forcément prendre toutes les décisions qui s'imposent dans des délais raisonnables.

*

L'essai thérapeutique que va suivre Guillaume au sein du groupe M5 débute le 6 janvier 2016 pour une phase 1 censée durer dix jours. C'est théoriquement la phase la plus légère mais les doses (50 mg par jour) administrées à ce cinquième groupe de l'étude débutée en octobre 2015 sont déjà étonnamment élevées[1]. Par comparaison, les volontaires du groupe précédent (M4) avaient reçu une dose quotidienne de 20 mg seulement[2].

Les six participants (dont un reçoit un placebo) restent confinés dans leurs chambres au sein du laboratoire et sont suivis 24 heures sur 24 par un médecin de garde.

1. « Essai de Rennes : comment Biotrial s'est moqué de l'IGAS », Michel de Pracontal, Médiapart, 24 avril 2016.

2. Entre octobre et décembre 2015, les quatre groupes précédents de l'étude Bial avaient reçus des doses quotidiennes de 2, 5 mg (M1), 5 mg (M2), 10 mg (M3) et 20 mg (M4).

Le dimanche 10 janvier à 9 heures du matin, cinquième jour de l'essai, Guillaume Molinet ne se sent pas bien. Il a des troubles visuels. Dès la fin de matinée, ce sont des troubles cognitifs qui apparaissent.

Le médecin référent est informé de cette situation, ne prend aucune décision. Il va simplement surveiller l'évolution alors que Guillaume reste somnolent toute la journée. Vers 18 h 30, ce sont les autres volontaires qui donnent l'alerte : l'état de Guillaume s'aggrave. Le médecin de garde constate un « état ébrieux majeur[1] » (signes de l'ébriété mais ici sans absorption d'alcool). Cela devient alarmant. Le médecin consulte alors deux médecins investigateurs d'astreinte de Biotrial. Vers 20 h 30, la décision est prise de le transporter aux urgences du CHU de Rennes où il sera admis à 21 h 28.

Quand Guillaume arrive à l'hôpital, on lui fait toute une batterie d'examens. On recherche notamment dans les analyses de sang, l'usage de tout stupéfiant : cannabis, cocaïne, ecstasy, héroïne. Comme s'il fallait vite expliquer l'état général du cobaye…

Cette recherche n'est pas systématique et laisse supposer une certaine suspicion. En revanche, la problématique de la molécule n'inquiète *a priori* personne.

Comment peut-on justifier de ne pas avoir suspendu l'essai clinique au vu de l'état de Guillaume Molinet ? Il était impossible d'ignorer l'influence sur le cerveau des

1. « Essai de Rennes : comment on a laissé mourir le patient 2508 », Michel Pracontal, Médiapart, 6 avril 2016.

volontaires de la molécule testée. Pourquoi la mesure de la gravité de la situation n'a-t-elle pas été prise ?

Un scanner effectué vers 22 h 30 révèle une atteinte de la partie centrale du tronc cérébral mais son interprétation est jugée « difficile[1] ». Au réveil, le lundi matin vers 8 heures, la confusion du patient s'est aggravée. Une IRM effectuée vers 9 heures montre cette fois un AVC massif du tronc cérébral ! L'essai n'est toujours pas suspendu alors que Guillaume a sombré dans un coma profond… Une sixième dose de BIA 10-2474 sera même administrée aux cinq autres volontaires entre 8 et 9 heures du matin.

Dans l'après-midi, les médecins du CHU réexaminent l'IRM et estiment qu'il s'agit plutôt d'une pathologie « d'origine toxique ou métabolique[2] ». En clair, que la molécule serait à l'origine de l'AVC.

Ce n'est que le lundi 11 mai en fin d'après-midi que l'essai est enfin suspendu…

Dans la journée du mardi, un autre volontaire, Stéphane S., commence lui aussi à avoir des troubles de la vue et des maux de tête. Le lendemain, pris de vertiges, il tombe. Il est à son tour envoyé aux urgences du CHU[3]. Trois des autres volontaires auront entre le mercredi et le vendredi des troubles cognitifs qui vont nécessiter leurs hospitalisations au CHU. Tous les quatre

1. *Idem.*
2. *Idem.*
3. *Idem.*

seront sauvés par un traitement aux corticoïdes. Un seul volontaire sera épargné. Probablement celui qui avait reçu le placebo !

Le jeudi 14, les médecins du CHU estiment que Guillaume est en état de mort cérébrale. Dès le lendemain, et dans la plus grande urgence, Marisol Touraine, ministre de la Santé, se rend au CHU de Rennes pour y rencontrer médecins et volontaires et tient une conférence de presse pour évoquer « un accident d'une exceptionnelle gravité » et l'état critique dans lequel se trouve Guillaume Molinet. « Ce qui s'est passé est inédit et appelle de notre part la plus grande vigilance », ajoute-t-elle avant d'annoncer qu'elle a « immédiatement » saisi l'IGAS[1].

Le dimanche 17 janvier à 13 h 25, Guillaume décède des suites de son hémorragie cérébrale.

*

Florence et Laurent Molinet s'interrogent très vite sur la toxicité de la molécule BIA 10-2474, sur l'utilité d'un tel essai thérapeutique, mais aussi sur la lenteur de la prise en charge de Guillaume.

Ce que l'on va découvrir un peu plus tard, c'est que le postulat de départ de cet essai était inexact. Erreur grossière, volonté de rassurer en amont ou dissimulation ?

---

1. Inspection générale des affaires sociales.

Il a en effet été prétendu dans le protocole Bial que les doses de la molécule pouvaient être administrées sans effet cumulatif or il s'avère que les doses se superposent et se cumulent dans l'organisme. Comme l'indiquait par ailleurs le protocole, la demi-vie[1] du BIA 10-2474 chez les animaux était de 40 à 100 heures !

Il n'y avait pas une dose de 50 mg chaque jour dans le corps des volontaires, mais bien davantage.

Il ne faut jamais perdre de vue l'objectif réel de cet essai : repousser les limites du cerveau. Je ne prétends pas que l'on a recherché le décès de qui que ce soit, mais que l'on a exposé les volontaires à un risque identifié.

Ce n'est pas pour rien que le protocole Bial spécifie dans ses pages 4 et 5 que l'étude ne devait être interrompue que si au moins quatre volontaires présentaient le même type d'effets secondaires graves ! Comment expliquer que l'ANSM ait validé ça ?

On découvre alors qu'il y avait déjà eu quelques alertes lors d'une des phases précédentes avec d'autres groupes de volontaires et avec des dosages plus légers. Il avait été constaté l'apparition de troubles visuels, de migraines sévères par un certain nombre de volontaires, parmi lesquels un gendarme en retraite.

1. La demi-vie d'un médicament correspond au temps nécessaire pour que, après administration, sa concentration plasmatique diminue de moitié. La demi-vie peut varier de quelques minutes à plusieurs semaines selon les médicaments.

Je représente également les intérêts de ce dernier qui allait, lui aussi, subir un AVC jusque-là ignoré. L'instruction pour blessures involontaires est toujours en cours le concernant.

*

J'avais considéré comme un réel progrès la création du Pôle santé publique[1] de Paris en 2001 par Marylise Lebranchu, ministre socialiste de la Justice (rejoint en 2002 par le pôle de Marseille). Ces sept magistrats instructeurs hyperspécialisés (assistés à Paris d'un médecin, d'un pharmacien, d'un inspecteur du travail ou d'un vétérinaire) allaient forcément améliorer le traitement du contentieux de la responsabilité médicale qui n'a cessé d'évoluer. Cet outil me paraissait indispensable pour mieux traiter les scandales sanitaires que nous avons connus ces dernières années, le Mediator[2], la Dépakine[3] ou les prothèses mammaires PIP.

J'avoue avoir été assez désagréablement surpris par l'attitude de l'un des médecins du Pôle de santé lors des premières auditions de parties civiles. Il nous a été déclaré que Guillaume Molinet avait un « état antérieur » qui

1. Lire à ce sujet « Dieselgate, Levothyrox : dans les coulisses du Pôle santé », Valérie de Senneville, *op. cit.*

2. Chapitre 18 : L'affaire du Mediator des laboratoires Servier. Ce méga scandale qui a bien failli rester secret.

3. Chapitre 16 : Après le Mediator, la Dépakine… Toujours le même refrain désespérant et macabre.

expliquait les causes de son décès, à savoir une altération ancienne constatée par une IRM de son cerveau.

Il s'avère, après avoir consulté plusieurs neurologues, qu'une telle interprétation était totalement erronée. L'AVC à l'origine du décès de Guillaume s'est manifesté dans une zone du cerveau très éloignée de celle évoquée par ce médecin. Il s'agissait seulement d'altérations liées à l'usure du cerveau que l'on retrouverait dans la plupart des examens effectués auprès d'une population de plus de cinquante ans. Un tel constat, formulé ainsi devant nous, m'amène à me poser des questions sur les compétences du médecin… et sur ses réels objectifs.

Dès lors que l'ANSM est concernée dans un dossier sensible, on peut s'interroger sur ce réflexe de défense presque naturel qu'a la justice de façon quasi systématique.

Dès le début, l'affaire a été considérablement médiatisée ; car il s'agit du premier décès d'un volontaire lors d'un essai thérapeutique en France.

Notre première conférence de presse au sein de notre cabinet parisien a rencontré, le 14 juin 2016, jour de l'ouverture de l'instruction, un franc succès. Toutes les télévisions et radios étaient là, particulièrement sensibles au drame de cette famille.

Naïvement, j'avais espéré des modifications radicales de la validation des essais thérapeutiques, un contrôle renforcé du fonctionnement de structures comme Biotrial.

Rien de cela n'est arrivé. Bien au contraire, ce n'est pas le système que l'on va remettre en cause, mais plutôt les victimes. On va dépeindre Guillaume comme un individu au profil chaotique, un chanteur, un artiste… et un consommateur de cannabis. Un des volontaires de son groupe va même déclarer que Guillaume avait fumé du cannabis au sein même de Biotrial pendant l'essai, ce qui bien sûr est totalement faux.

L'autopsie confirmera d'ailleurs que Guillaume n'avait consommé aucune drogue depuis plusieurs mois.

*

Je dois saluer ici le travail de quelques journalistes, qui mieux que des enquêteurs vont dévoiler une à une les attitudes inacceptables de certains des protagonistes de l'affaire de Guillaume.

Le 13 avril 2016, deux journalistes du *Figaro*[1] révélaient l'existence d'un rapport d'enquête interne de l'ANSM, accablant pour Biotrial mais aussi pour l'agence elle-même, et confié dès le vendredi 15 janvier 2016 lors d'une réunion de crise à C.D., la directrice de l'évaluation de l'agence.

Remis le 18 janvier, au lendemain du décès de Guillaume Molinet, on y apprend notamment qu'un « évaluateur non clinique » de l'ANSM a alerté sur « un effet neuro-système nerveux central en raison de lésions observées chez le chien, la souris, le rat et le singe » pendant les tests sur animaux réalisés par Bial mais que ces

1. « Essai clinique : le document qui accable Biotrial et l'ANSM », Anne Jouan et Damien Mascret, *Le Figaro*, 13 avril 2014.

« signaux sur les effets neurologiques constatés chez l'animal » n'ont pas été intégrés dans le rapport d'évaluation du protocole de l'essai clinique. Lequel a été validé en l'état par l'Agence.

Un article de Michel de Pracontal publié le 14 octobre 2016 sur Médiapart[1] révélera que l'alerte de l'évaluatrice Farida O., négligée par ses supérieurs, visait bien ces quatre espèces animales et relevait à chaque fois des « effets neurologiques » ou « SN », c'est-à-dire sur le système nerveux. Des alertes qui, bien entendu ne figuraient pas non plus dans la lettre d'information fournie aux volontaires de l'essai avant de signer leur formulaire de consentement.

Selon Médiapart, « C.D. s'est trouvée en grande difficulté dès qu'elle a transmis son rapport à ses supérieurs » : « Elle a rédigé une première version le dimanche 17 janvier au soir (quelques heures après le décès de Guillaume Molinet) » et « Le directeur général de l'ANSM, l'a alors convoquée pour une réunion le lendemain matin à 9 h 30[2]. » C.D. racontera la suite aux enquêteurs : « Il m'a demandé de lui faire un premier point sur mon rapport. J'ai été surprise et prise de court car je pensais que cela se ferait en tête à tête avant d'être exposé à l'ensemble des directeurs [...] J'ai tout de suite eu des remarques sur mon travail au prétexte que j'étais une administrative et que la science primait. À chaque mot que je prononçais,

1. « Comment l'Agence du médicament a trompé Marisol Touraine », Michel de Pracontal, Médiapart, 14 octobre 2016.

2. *Idem.*

il y avait tout de suite une levée de boucliers [...] Je n'ai pas été soutenue par la direction générale[1]... »

Lors d'une deuxième réunion identique, raconte Michel de Pracontal, C.D. se voit reprocher par la directrice juridique « d'avoir fait un rapport à charge ». La directrice de l'évaluation, qui s'est aperçue qu'on avait distribué une version de son rapport modifiée par un chargé de mission auprès de la direction générale, demande que sa version originale soit distribuée également. En vain. Point par point, « il m'était rétorqué que je me trompais sans jamais apporter d'éléments scientifiques[2] ». À l'issue de cette réunion, le même chargé de mission reprend le rapport et « rédige un nouveau texte dans lequel le terme "alerte" est remplacé par "points d'attention[3]" ». Le fait que le signal envoyé par l'évaluatrice des études sur animaux a été ignoré n'est plus mentionné...

Apprenant que le rapport censé être signé par elle a été transmis à l'IGAS qui a déclenché sa propre enquête, C.D. insiste pour obtenir une copie du texte : « Quand je l'ai eu, j'ai vu qu'il avait été remis à l'IGAS le 27 janvier, que mon nom n'apparaissait pas, que la partie pharmacovigilance n'y était pas et que la conclusion en gras était politiquement correcte[4]. »

1. *Idem.*
2. *Idem.*
3. *Idem.*
4. *Idem.*

Quatre jours après les révélations du *Figaro* quatre personnes quittaient l'ANSM, dont sa directrice de l'évaluation…

Le surlendemain, dans le cadre de l'enquête préliminaire, l'ANSM était perquisitionnée le mardi 19 avril, plus précisément l'étage où travaillent les agents en charge de l'évaluation[1].

Je ne peux alors que me féliciter de la réaction de la justice, même si, encore une fois, cette réaction est la conséquence d'une importante médiatisation.

Lors de son audition, fortement sollicitée, C.D. ne dira rien. Officiellement, elle est partie par choix personnel et non suite à une mise à pied. Elle a été un bon petit soldat jusqu'au bout. La grande muette, ce n'est pas que dans l'armée !

Dans ce milieu, comme dans beaucoup d'autres hélas, quand vous sortez du droit chemin, vous brisez votre carrière et vous n'avez plus qu'à changer d'horizon…

*

Lors de la dernière audition de la famille en juillet 2018, avec Florence, Laurent et sa sœur Cécile, nous sommes reçus par les juges d'instruction et deux médecins.

---

1. « Perquisition à l'Agence du médicament », Anne Jouan, *Le Figaro*, 20 avril 2016.

J'ai senti ce jour-là une véritable volonté de tout mettre en œuvre pour apporter enfin des réponses à la famille de Guillaume. Cet entretien aura le mérite de leur redonner confiance et surtout de les aider à accepter de patienter au-delà du raisonnable.

Il faut bien reconnaître que les juges ont déployé des moyens colossaux pour collecter tous les tests réalisés par le laboratoire Bial sur des centaines d'animaux et dans différents laboratoires de plusieurs pays européens. Plus précisément, il s'agit de milliers de lames contenant les prélèvements qui ont été saisies et dont il convient de refaire une lecture, un travail considérable.

L'objectif sera bien sûr de permettre de mettre en évidence les effets délétères parfaitement connus et identifiés par le laboratoire Bial au vu des résultats des tests sur les animaux.

Cinq ans après le décès, ni Biotrial ni Bial ni aucun protagoniste n'ont été mis en examen. Cinq années au cours desquelles la famille de Guillaume n'a pas eu le début d'une réponse…

Évidemment, la presse médicale internationale s'est intéressée au cas tragique de Guillaume, c'était, il est vrai, un cas exceptionnel et rarissime.

Ainsi, il n'existait qu'un seul précédent récent lorsqu'une jeune femme de vingt-quatre ans était décédée en 2001 lors des essais d'un médicament contre l'asthme au sein de l'Université John-Hopkins à Baltimore dans le Maryland. Cinq ans plus tard, en Angleterre, deux volontaires avaient, eux, frôlé la mort lors de l'essai d'un anticorps censé stimuler puissamment les globules blancs.

Une étude de pharmacologues lyonnais, publiée la même année en 2006, a même établi qu'en trente ans dans les pays occidentaux, seuls trois volontaires étaient décédés suite à la prise d'une nouvelle molécule en essai clinique. Alors que, dans le même temps, 3 millions de personnes avaient participé à des essais de phase I[1].

Aujourd'hui, l'histoire de Guillaume a sombré dans l'oubli.

Après la souffrance, il y a eu la colère. La colère et la soif de vérité. Ce ras-le-bol de patienter encore et encore. J'attends beaucoup des expertises en cours dont les résultats, je l'espère, devraient être portés à notre connaissance prochainement.

Au-delà de la complexité du dossier, nous subissons, comme il est d'usage, les mutations des juges d'instruction, la lenteur des experts et les moyens financiers qui font défaut aux magistrats.

Au-delà de satisfaire la légitime attente de la famille de Guillaume, il appartient désormais à la justice et au législateur d'apporter la sécurité indispensable à tous les volontaires d'essais thérapeutiques, ce qui, je l'affirme, n'est pas le cas aujourd'hui.

1. *Sciences et Avenir*, 19 janvier 2016.

Chapitre 16

Après le Mediator, la Dépakine…

Toujours le même refrain désespérant et macabre

Comme l'écrivain Jean-Michel Guenassia, « je préfère vivre en optimiste et me tromper que vivre en pessimiste et avoir toujours raison[1] ».

Ainsi, je pensais vraiment qu'il y aurait un avant et un après scandale du Mediator[2]. Que cette déflagration rendue possible par les révélations du docteur Irène Frachon entre 2009 et 2010 empêcherait ensuite de tels comportements d'un laboratoire pharmaceutique. L'affaire de la Dépakine m'a démontré que je m'étais lourdement trompé…

La Dépakine est un médicament antiépileptique qui n'aurait jamais dû être prescrit à une femme enceinte vu

1. *Le Club des incorrigibles optimistes*, Jean-Michel Guenassia, Albin Michel, 2009.

2. Chapitre 18 : L'affaire du Mediator des laboratoires Servier. Ce méga scandale qui a bien failli rester secret.

ses effets tératogènes[1] identifiés depuis le début des années 80. Malformations, retards de développement, troubles du comportement, autisme, les effets indésirables du valproate de sodium, la molécule de la Dépakine, sont terribles. Et documentés depuis plus de vingt ans lorsqu'enfin les mesures de pharmacovigilance nécessaires seront prises par l'ANSM et le laboratoire Sanofi Aventis France.

Cette sensation de déjà-vu va, je l'avoue, me laisser un goût amer. Du Mediator à la Dépakine, on prend les mêmes et on recommence. Dans une sorte de litanie désespérante... Un laboratoire qui a investi des milliards dans le développement d'un médicament qui va s'avérer potentiellement dangereux, une Agence nationale du médicament qui, *a minima*, a fait preuve de négligence, des victimes pas informées, des médecins pas suffisamment alertés, et au final, des séquelles gravissimes pour des milliers de jeunes enfants.

Pourtant, je continue inlassablement le combat, comme un pot de terre obstiné qui serait persuadé qu'un beau jour il finira par fendre les pots de fer qui le défient. D'où les espoirs que je place dans le jugement du procès Mediator qui sera rendu à la fin du mois de mars.

*

1. Sont dites tératogènes des substances qui, par leur action sur l'embryon durant la grossesse, peuvent provoquer des malformations.

Lorsque Laura[1], la maman du petit Arthur B[2]., vient me voir au cabinet le 5 septembre 2016, je suis donc rapidement envahi par la désagréable sensation d'avoir déjà vu ce mauvais film.

Ayant eu sa première crise d'épilepsie à l'âge de dix-sept ans, elle est mise sous Dépakine par son neurologue. En 2007, cinq ans plus tard, elle envisage une grossesse et le spécialiste n'y voit pas d'inconvénient. Rassurée, Laura B. tombe enceinte à l'automne 2008. Tout se passe normalement et Arthur va naître le 6 juin 2009. Aucune difficulté n'apparaîtra dans les premiers mois.

C'est seulement vers l'âge de vingt mois, en mars 2011, que l'enfant se referme sur lui-même, cessant de parler et évitant tout contact visuel. Très clairement des signes d'autisme.

Dès la maternelle, une assistante de vie scolaire (AVS) va lui être indispensable. Il devra également être pris en charge par une orthophoniste et une psychomotricienne.

Malheureusement, son comportement et ses troubles du langage ne s'améliorent pas. Il reste isolé des autres enfants. Et les parents bientôt s'essoufflent à tenter de comprendre l'origine du mal qui frappe leur fils.

En décembre 2016, alors qu'Arthur a sept ans et demi, un généticien confirme le diagnostic d'un « Fœtal Valproate Syndrome typique avec trouble envahissant du développement ou autisme atypique ».

1. Le prénom a été modifié.
2. Le prénom et l'initiale du nom ont été modifiés.

Ce qui est particulièrement révoltant, c'est que les effets tératogènes du valproate de sodium ont été identifiés dès le début des années 80. Avec notamment un article publié dans *The Lancet* en 1982[1]. Et des remontées des centres de pharmacovigilance[2] à partir de 1988.

Les preuves scientifiques sont nombreuses à partir de 1995. Preuves formelles dès 2009. On sait alors qu'aux risques de malformations physiques s'ajoutent des retards cognitifs, développementaux ainsi que des cas d'autisme, mais les prescriptions vont pourtant se poursuivre jusqu'en 2014 !

Il paraît difficile d'imaginer que l'Agence du médicament sur cette longue période n'ait jamais été informée d'aucun effet indésirable de ce médicament et encore moins le laboratoire Sanofi.

Normalement, dès que survient un cas avéré et documenté, ne serait-ce qu'un seul cas, le laboratoire doit alerter l'agence et apporter des modifications au résumé des caractéristiques du produit (RCP) dans le dictionnaire médical Vidal, mais aussi sur la notice du médicament.

L'objectif est d'informer dans les délais les plus courts les prescripteurs comme les patients de tout événement indésirable, même exceptionnel. Cependant, les intérêts financiers amènent trop souvent les laboratoires à faire preuve d'un attentisme coupable en prétextant un doute

1. « The valproid acid and spina bifida », *The Lancet*, 1982.
2. Selon l'ANSM, « la pharmacovigilance est la surveillance des médicaments et la prévention du risque d'effets indésirables résultant de leur utilisation, que ce risque soit potentiel ou avéré ».

sur le lien d'imputabilité, si la fréquence des cas ne leur paraît pas suffisante.

Une attitude d'autant plus condamnable quand on connaît l'état de notre pharmacovigilance et le très faible taux de remontées des effets indésirables en France.

En résumé, la Dépakine est un bon médicament contre l'épilepsie totalement contre-indiqué pour les femmes enceintes ! Il existe d'autres traitements antiépileptiques qui seraient jusqu'à vingt fois moins dangereux. Ainsi, comme l'avait conclu une étude de 2006, on constatait 1 % de risques d'effets indésirables graves pour la Lamotrigine alors que pour la Dépakine, le risque d'effets indésirables apparaissait six fois plus important.

Médecins et patientes étant mal informés, la prescription de Dépakine à des femmes enceintes s'est prolongée pendant des années ! De source médicale, il est fait état de plusieurs centaines de malformations congénitales gravissimes sur la période 2006-2014.

Lors de la grossesse de Laura B., en 2008, la notice du médicament se contentait de « déconseiller » la prise de la Dépakine aux femmes enceintes sans évoquer aucun des risques majeurs. Risques pourtant clairement identifiés au sein de la communauté scientifique. La dernière révision de la notice du médicament datait alors du 25 janvier 2006.

Encore plus choquant : le 29 mars 2006, la commission de transparence de la HAS avait rendu un avis indiquant sans ambiguïté que les risques propres au valproate de sodium étaient « nettement supérieurs » à ceux des autres antiépileptiques...

Pourtant, il faudra attendre 2013 pour que le RCP de la Dépakine soit enfin modifié et décembre 2014 pour qu'une véritable alerte soit adressée aux prescripteurs par l'ANSM.

Au-delà de l'attitude surprenante du laboratoire, tout ceci n'a été rendu possible que par une défaillance flagrante et répétée de la pharmacovigilance et donc de notre Agence du médicament.

Imaginez-vous que ce n'est que par un décret du 14 avril 2017 qu'un pictogramme d'avertissement parfaitement visible pour les femmes enceintes sera obligatoirement indiqué sur les boîtes du médicament et renverra à la lecture de la notice qui mentionnait désormais clairement des risques identifiés depuis près de trente ans...

Comment expliquer tant d'années perdues et de drames évitables si ce n'est par le dysfonctionnement total de notre système de contrôle de la sécurité des médicaments et la détestable indifférence d'un laboratoire ?

J'ai été témoin d'effets indésirables d'une gravité insupportable sur tous ces enfants victimes de la Dépakine, certains entraînant pour l'enfant plus de 50 % de déficit cognitif permanent.

Arthur, âgé de douze ans aujourd'hui, souffre, lui, de troubles du spectre autistique, de troubles du comportement, de diverses malformations et également d'une capacité à se mettre en danger lui-même en raison d'une mauvaise perception de son corps et de son environnement.

*

Un rapport du collège d'experts de l'ONIAM en date du 6 novembre 2018 a confirmé le lien d'imputabilité entre la prise de Dépakine par Laura et l'état du petit Arthur. Les experts concluent que les « dommages actuels » d'Arthur (notamment « ses troubles envahissants du comportement ») « sont imputables à l'exposition de l'enfant in utero au valproate de sodium, soit en l'espèce à la Dépakine ».

Le comité d'indemnisation des victimes du valproate de sodium, organisme dépendant de l'ONIAM, va alors rendre un avis qui confirme la responsabilité du laboratoire Sanofi en rappelant qu'avant la date du 17 décembre 2008, « l'état des connaissances scientifiques et médicales et des études publiées rapportaient des effets tératogènes du produit, y compris un risque de troubles neurodéveloppementaux chez l'enfant issu d'une grossesse sous valproate de sodium ».

La conclusion du comité est terrible pour le laboratoire : « Le produit ne présentait pas la sécurité à laquelle on pouvait s'attendre. En conséquence, la responsabilité du producteur Sanofi Aventis France est engagée du fait des produits défectueux. »

Pour les experts de l'ONIAM, « la réparation des préjudices incombe en totalité au laboratoire ». Il est alors demandé à Sanofi d'adresser « à la victime ou à ses ayants droit, et dans un délai d'un mois à réception de cet avis, une offre d'indemnisation visant à la réparation intégrale des préjudices subis ».

*

Le cas du petit Arthur est un dossier Dépakine classique où la responsabilité du laboratoire a été clairement mise en évidence. Il est certain que Sanofi ne pourra y échapper.

J'insiste sur le niveau de connaissance de la communauté scientifique à cette époque : le fait de déconseiller l'usage d'un médicament aux femmes enceintes ne peut suffire à dédouaner un laboratoire, dès lors qu'il a connaissance des complications gravissimes, sans en informer les prescripteurs.

C'est encore cette question fondamentale de l'information des prescripteurs qui est au centre des débats. Je crains malheureusement que, jusqu'à une époque récente, les notifications de la HAS et les notices de médicaments n'aient pas été les premières lectures de médecins…

Je me demande encore sur quels outils il faudrait s'appuyer pour que les milliers de prescripteurs soient touchés par ces informations majeures. Il est certain que la plupart des revues scientifiques et les formations proposées aux médecins sont gérées par les laboratoires avec, parfois, le cruel défaut d'objectivité que l'on peut imaginer.

Ce qui pose aussi la question, trop négligée à mon sens, de la formation continue des médecins dont l'État s'est débarrassé au profit des laboratoires qui se sont empressés de la prendre en main...

Alors que la procédure pénale à l'encontre du laboratoire Sanofi et de l'ANSM a d'ores et déjà conduit à la mise en examen des protagonistes pour « blessures et homicides involontaires » le 4 janvier 2020, nous pouvons espérer la tenue du procès dans un délai raisonnable pour ces milliers de jeunes victimes et leurs familles.

Je tiens à souligner que l'État, par le biais de l'ONIAM, a su apporter une réponse partielle à la souffrance de toutes ces familles en créant, au sein de l'Office, un service entier dédié, composé comme cela sera le cas pour le Mediator, d'un collège d'experts scientifiques. Ce comité a pour objectif de permettre aux victimes d'être indemnisées de leurs préjudices dans les meilleurs délais.

Mais que dire de l'attitude de Sanofi qui refuse catégoriquement de reconnaître la moindre responsabilité et de prendre en compte les conclusions du comité d'indemnisation ? Si ce n'est qu'elle est inacceptable. Ainsi, en ne répondant pas dans le délai d'un mois, le laboratoire a clairement signifié son refus d'indemniser les préjudices d'Arthur.

L'ONIAM devrait se substituer à la carence du laboratoire, à charge pour lui de se retourner contre ce dernier avec une majoration de 15 % des sommes qui seront versées à la victime.

*

Je voudrais souligner ici que, dans les affaires du Mediator et de la Dépakine, les attitudes des deux laboratoires mis en cause ont été diamétralement opposées.

Les laboratoires Servier ont très clairement manifesté la volonté d'indemniser le plus grand nombre de victimes, afin, j'en suis certain, d'améliorer leur image après pareil scandale.

Les dirigeants de Sanofi, plongés dans le déni, ne cessent de répéter qu'ils ne sont responsables de rien et refusent de verser le moindre euro aux plaignants, dont le nombre ne fait qu'augmenter.

Le laboratoire estime avoir agi « dans les règles de l'art », selon le terme consacré.

L'horreur de ce scandale est qu'il ne touche que des très jeunes enfants dont la vie est définitivement brisée par la Dépakine. Avec toute la souffrance habituelle des parents et l'odieuse culpabilité des mères.

À ce jour, nous représentons une dizaine de victimes. Seulement quelques centaines se sont manifestées dans le cadre de la procédure pénale. La France compterait malheureusement plus de 30 000 victimes de ce médicament. J'ose espérer que toutes ces familles sauront un jour faire valoir leurs droits – avec le concours de la Caisse nationale d'assurance maladie (CNAM) qui, comme pour le cas du Mediator, pourrait, après recoupements d'informations, prévenir le plus grand nombre de familles touchées – et pourront améliorer le quotidien de leurs enfants handicapés.

Mais à ce jour, et à ma connaissance, aucune démarche n'a été effectuée en ce sens. Dans cette affaire, comme dans de nombreuses autres évoquées dans ce livre, je ne peux m'empêcher de penser qu'il n'y a pire aveugle que celui qui ne veut pas voir.

Chapitre 17

L'affaire Naomi Musenga

L'impossible vérité

« Oui, allô ? Allô ?

— Aidez-moi, madame…

— Oui, qu'est-ce qui se passe ?

— Aidez-moi…

— (*Sur un ton agacé.*) Bon, si vous me dites pas ce qui se passe, je raccroche !

— J'ai, madame, j'ai très mal.

— Oui ben, vous appelez un médecin hein ! D'accord ? Vous appelez SOS Médecins.

— […]

— Je vais mourir…

— Oui vous allez mourir, certainement un jour, comme tout le monde… »

Ce dialogue surréaliste et déchirant entre une jeune femme de vingt-deux ans, Naomi Musenga, en état de détresse évident, et une opératrice du SAMU de Strasbourg a eu lieu en fin de matinée le 29 décembre 2017.

Révélé le 27 avril 2018 par l'hebdomadaire local *Heb'di*[1], quatre mois après le décès de Naomi Musenga, l'enregistrement va enflammer les réseaux sociaux et choquer la France entière.

À chaque fois que je le réentends, je ne peux qu'être bouleversé par ce contraste entre la voix douloureuse de Naomi, ce filet de voix à peine perceptible, comme étouffé par la souffrance, et le ton ironique, cassant et méprisant de l'opératrice, visiblement pressée d'écourter la conversation…

La diffusion de ce dialogue par l'ensemble des médias français et étranger va donner à cette affaire une dimension exceptionnelle. Pourtant sans le courage d'un chef de service de l'hôpital lassé par les dysfonctionnements multiples des urgences, il est probable que la famille de Naomi ne serait jamais entrée en possession d'une copie de l'enregistrement.

La seule personne sanctionnée à ce jour, puisqu'il a dû démissionner de sa fonction, va, le 4 avril 2018, leur remettre le CD contenant les enregistrements des différents appels de Naomi ce matin-là (aux pompiers puis au SAMU).

Le choc des mots a dû plonger toute la famille Musenga dans une souffrance inimaginable. Comment supporter une telle horreur ? À aucun moment ils n'auraient imaginé une attitude aussi détestable de la part du SAMU. Ils ont souhaité crier leur souffrance et leur révolte, de la meilleure

1. Lancé en 2009, le magazine se présente comme « le lanceur d'alerte alsacien ». Heb'di en alsacien, veut dire « accroche-toi ».

manière possible, en transmettant cette bande-son à un journaliste de leur connaissance, qui travaillait chez *Heb'di*.

Il faut bien prendre conscience de l'importance de cet enregistrement sans lequel rien n'aurait été possible.

*

Le 27 avril 2018, l'hebdomadaire alsacien *Heb'di* révèle donc l'existence de ces enregistrements dans son numéro du jour. Les réseaux sociaux feront le reste. Dans les jours qui suivent, le hashtag #JusticepourNaomi est créé sur Twitter. Plus de 4 000 messages sont envoyés en 24 heures, l'affaire Naomi devient virale[1] !

Le 8 mai, *Le Monde* publie dans sa rubrique « Les décodeurs » un article[2] dans lequel l'hôpital de Strasbourg confirme l'authenticité de l'enregistrement. Les passages les plus forts de la conversation passent en boucle sur toutes les chaînes d'infos. Tout le monde ne parle plus que de ça[3] !

Les réseaux sociaux qui ont su se mobiliser pour rendre public ce drame intolérable n'en oublient pas pour autant leurs vieux démons, et notamment celui du lynchage numérique d'un innocent, que je crains à chaque médiatisation d'une nouvelle affaire.

---

1. Selon un article de Maylis Mas-Guarido sur le site Visibrain.com en date du 17 mai 2018.

2. « Une jeune Strasbourgeoise meurt peu après avoir été moquée par le Samu », Anne-Sophie Faivre Le Cadre, *Le Monde*, 8 mai 2018.

3. Au 17 mai 2018, on dénombre plus de 200 000 messages émis par 96 000 internautes avec une pointe à 61 000 messages le 9 mai.

Une autre assistante de régulation médicale du SAMU67[1], Amélie T.[2] dont le nom est jeté en pâture, est violemment prise pour cible. Or, le 29 décembre 2017, elle était en arrêt maladie, impossible donc qu'elle ait pu répondre à Naomi ce jour-là. Elle se retrouve pourtant en première ligne. Ses coordonnées sont postées sur Twitter au côté d'un message de haine qui lui « souhaite de mourir très vite ». S'ensuivent des centaines de messages de menaces et d'insultes. Elle est même contrainte de déménager…

Ce qui fera dire, un peu plus tard, à l'opératrice mise en cause, Nathalie[3] : « Si mon nom avait été connu, je ne serais plus de ce monde ! »

L'assistante de régulation du SAMU67 – dont l'anonymat sera bien protégé – est très rapidement mise examen pour « non-assistance à personne en danger ». Elle avait, en 2017, des annotations suffisamment mauvaises concernant son traitement des appelants pour qu'on lui impose une formation. Elle en avait assez de son métier, dit-elle sur M6, elle parle alors de « conditions de travail pénibles ».

*

Reconstitué dans le détail, le scénario funeste de ce 29 décembre est accablant pour l'assistante de régulation.

---

1. SAMU du département du Bas-Rhin (67).
2. Le nom et le prénom ont été modifiés pour préserver son anonymat.
3. Le prénom a été modifié.

Non seulement, lors de la communication de 11 h 22, elle se moque cruellement[1] de la jeune femme en lui répétant d'appeler SOS Médecins ou son médecin traitant, en la menaçant de raccrocher, etc. mais surtout elle ne transmet pas l'appel au médecin régulateur comme elle a obligation de le faire dans un tel cas.

Vanessa K., la belle-sœur de Naomi, appelée au secours par la jeune femme à 11 h 54, arrive à l'appartement à 12 h 20. Elle trouve Naomi dans un état très alarmant, hurlant de douleur, incapable de se déplacer…

Vanessa rappelle le SAMU67 à 12 h 32 et tombe à nouveau sur Nathalie qui se contente de lui dire « je ne peux rien faire pour vous » et raccroche.

À 12 h 41, elle parvient à joindre SOS Médecins. Depuis des heures, Naomi tentait désespérément de les joindre mais il semblerait qu'en ce 29 décembre, le standard ait été saturé, un très grand nombre de médecins étant en congé.

À 13 h 33, les médecins de SOS arrivent au domicile de Naomi. Monté le premier dans l'appartement, le médecin interne l'estime en état pré-comateux. Il n'arrive pas à lui prendre sa tension tellement celle-ci est faible. Le médecin senior constate des signes graves (douleurs abdominales intenses, selles mêlées de sang, fortes douleurs au niveau des deux jambes notamment) et joint

1. On notera qu'elle avait déjà prononcé une phrase du même esprit (« Ah ben c'est sûr qu'elle va mourir un jour, c'est certain comme tout le monde ») lors de son échange avec l'opératrice des pompiers qui lui a ensuite passé l'appel de Naomi.

aussitôt le SAMU qui envoie une ambulance privée en quelques minutes.

Plus de deux heures se sont écoulées depuis le premier appel de Naomi !

À 13 h 58, Naomi est enfin prise en charge par l'équipe du SAMU qui, à en croire le dossier médical, sous-estime la gravité de son état. Après une injection de morphine, elle fait un arrêt cardiaque et respiratoire à 14 h 51 qui nécessite une réanimation de plusieurs minutes.

À 15 h 30, un véhicule du SAMU arrivé en renfort transporte Naomi au Nouvel Hôpital civil des Hôpitaux universitaires de Strasbourg. Lors de son admission, elle est dans un coma profond. S'ensuit un deuxième arrêt cardiaque.

Entre 16 heures et 16 h 30, un scanner du corps entier est réalisé. Le scanner abdominal révèle un infarctus mésentérique massif[1] du tube digestif à un stade dépassé. À 16 h 45, elle est transportée dans le service de réanimation. Hélas, dès son admission, elle est victime d'un troisième arrêt cardiaque qui lui sera fatal. Le décès est officiellement prononcé à 17 h 30.

Pour une raison que j'ignore, l'autopsie est réalisée près de cinq jours plus tard, alors même que le corps n'a

1. Comme l'infarctus du myocarde et l'AVC, l'infarctus digestif est l'obstruction de l'artère qui irrigue le système digestif par un caillot sanguin et qui freine son approvisionnement en sang et en oxygène. Il peut provoquer la nécrose, c'est-à-dire la mort d'une partie du tube digestif.

pas été conservé dans des conditions optimales. De fait, il sera au moment de l'examen exsangue et « en état de putréfaction avancée », rendant impossible tout prélèvement sanguin et ne permettant pas, à ce jour, de déterminer les causes exactes du décès.

Or, la loi impose au corps médical de procéder à une expertise dans les meilleures conditions dès lors qu'un patient meurt sans que l'on en connaisse les causes.

Cela bien sûr afin de répondre aux questions bien légitimes d'une famille mais aussi d'un procureur.

Ne pas conserver le corps de Naomi dans de bonnes conditions durant plus de cent treize heures est inacceptable. On peut difficilement supposer qu'un tel dysfonctionnement soit le simple fruit du hasard.

Dans toutes ces affaires, c'est l'hôpital qui a décidé de la qualité de preuves dont nous allons pouvoir disposer...

*

Au moment des faits, Naomi Musenga est la jeune maman d'une petite fille d'un an et demi, et elle vient de reprendre un emploi comme vendeuse en intérim au rayon mode des Galeries Lafayette de Strasbourg. Le mois précédent, elle a emménagé dans un nouvel appartement tout près de son lieu de travail.

Tous ceux qui l'ont côtoyée pendant la période de Noël, famille comme amis, l'ont trouvée en parfaite santé et avec un excellent moral. Personne ne l'a vue prendre le moindre médicament ni se plaindre d'une quelconque douleur.

Nous avons donc une jeune femme de vingt-deux ans qui n'a aucun état antérieur notable, qui est en pleine santé et qui va décéder en quelques heures d'une hémorragie massive.

Cette famille, écrasée par le chagrin, a besoin d'aide. D'où l'importance du choix de l'avocat. Dans un premier temps, les Musenga ont été très entourés par un comité de soutien omniprésent qui leur a même choisi des avocats strasbourgeois. Puis ils se sont rapprochés du professeur Christian Marescaux suite à une de ses interventions dans les médias où il ne manquait pas de critiquer ouvertement les hôpitaux de Strasbourg. Avec l'engagement qui le caractérise, le neurologue leur a livré des mots simples, les a aidés à décoder la parole des médecins.

Christian Marescaux n'était pas convaincu par la direction que voulaient prendre les différents avocats. Fin mai 2018, au plus fort de la polémique, la famille décide de changer de conseil et me sollicite en ma qualité d'avocat spécialisé dans le dommage corporel. Ils voulaient, disaient-ils, un avocat qui donne un impact national à la mort scandaleuse de leur fille.

*

Dès les premiers jours de la diffusion de la conversation hallucinante entre Naomi et le SAMU – et face à l'ampleur que prend « l'affaire Naomi » –, Agnès Buzyn, alors ministre de la Santé, évoque « de graves dysfonctionnements » et confie une mission d'enquête à l'IGAS. Durant quatre semaines, deux inspectrices de l'IGAS, dont l'une, le docteur Bensadon, est déjà coauteur du rapport de l'IGAS sur le Mediator, mènent leurs investigations au sein des Hôpitaux universitaires de Strasbourg (HUS), assistées d'un médecin de l'ARS Grand Est.

Simultanément, le procureur de la République de Strasbourg ouvre une enquête préliminaire pour « non-assistance à personne en danger » et « mise en danger de la vie d'autrui »…

Dès le 15 juin 2018, les conclusions de l'IGAS sont mises en ligne. Un rapport de 61 pages qui met en évidence les nombreuses fautes dans la prise en charge de Naomi par l'hôpital. Qu'il s'agisse du non-respect de la procédure interne de régulation, du retard de prise en charge de Naomi, de la non-déclaration d'un événement indésirable grave à l'ARS ou des délais de transmission du dossier médical à la famille.

Les agents de l'IGAS vont également étudier la gestion des appels au sein du SAMU67 sur une période donnée. Ils constatent des envois de secours pour une otite alors que pour d'autres cas bien plus graves, aucune assistance n'est portée. Une mauvaise régulation qui non seulement laisse supposer un gaspillage financier, mais surtout, des défauts de prise en charge qui auraient pu être fatals à certains patients.

Avant la mise en ligne du rapport de l'IGAS, les docteurs Bensadon, Roger et Hambourger vont nous recevoir avec la famille au sein des locaux de l'ARS[1] de

1. Agence régionale de santé.

Strasbourg. Nous sommes informés du contenu du rapport, ainsi que des dysfonctionnements constatés.

Lors de cet échange, au demeurant agréable, nous apprenons qu'une hypothèse serait sérieusement envisagée pour expliquer le décès de Naomi : un surdosage de paracétamol aurait été constaté suite à des analyses réalisées sur l'humeur vitrée[1] et le liquide pleural[2]. En raison de l'hémorragie massive, il s'est avéré impossible de prélever du sang. Une consommation de Doliprane deux à trois fois supérieure à la norme est alors supposée.

Cette explication du décès de Naomi est l'œuvre du Pr F.[3], chef du service médico-légal du CHU de Strasbourg. Il va informer les rapporteurs de l'IGAS du résultat de ses recherches, partant du postulat que l'analyse du taux de paracétamol dans les liquides autres que le sang doit s'analyser de manière identique, un postulat dont je n'ai toujours pas eu, aujourd'hui, la preuve scientifique.

Le Pr F. a exclusivement axé son raisonnement sur le paracétamol.

Il sera même sous-entendu que cette surconsommation de Doliprane pourrait être la conséquence d'un geste malheureux du fait d'un état dépressif chronique de Naomi. Bien évidemment, ces odieuses allusions ne reposent sur aucun élément probant, bien au contraire.

---

1. Une substance gélatineuse transparente située entre le cristallin et la rétine.
2. Liquide se trouvant entre la paroi des poumons et le thorax.
3. L'initiale du nom a été modifiée.

Bref, si l'hôpital reconnaît que le comportement de l'opératrice du SAMU relève d'une faute de service, le médecin estime que rien ne peut être reproché à l'établissement et ce d'autant que l'état de Naomi était « au-dessus de toute ressource thérapeutique », sous-entendu irréversible au moment de la prise en charge. Ainsi l'axe de défense de l'hôpital est parfaitement dessiné.

Depuis des mois maintenant, on a assimilé la mort de Naomi à une prise excessive de paracétamol. C'est totalement inaudible pour la famille ! Tout comme le fait que le décret du 15 janvier 2020 exigeant des pharmaciens de ne plus laisser le paracétamol en vente libre sur le présentoir soit sans cesse rattaché au tragique destin de Naomi.

*

Le travail remarquable du Pr F. sera de tout mettre en œuvre dans un délai très bref pour consolider sa stratégie paracétamol.

Cela lui sera d'autant plus aisé qu'il sera désigné par le parquet pour établir les causes de la mort… Il me paraît pour le moins surprenant qu'un salarié de la structure qui pourrait éventuellement être mise en cause dans une procédure judiciaire se voit confier une mission aussi importante. A priori, cela ne pose aucun souci à la justice…

Avec compétence et en toute subjectivité, il va retenir exclusivement les éléments du dossier pouvant soutenir sa thèse et, de par son statut de sachant, ses conclusions vont être entérinées sans discussion par la justice.

Je ne peux accepter un tel scénario tant cette histoire du paracétamol est bancale.

On nous certifie donc que l'excès de paracétamol aurait provoqué une hépatite fulminante[1] laquelle serait à l'origine du décès de Naomi.

Même si, en raison de l'état de décomposition du corps de Naomi, l'autopsie s'est déroulée dans de mauvaises conditions, à aucun moment les médecins ne vont pourtant déclarer que l'état du foie examiné correspondait à celui d'un foie déstructuré, signe de l'hépatite fulminante. Alors comment conclure que Naomi serait décédée de cette prétendue hépatite avec un foie sain ?

Le dosage très élevé du paracétamol retrouvé dans l'humeur vitrée et le liquide pleural est le pilier principal de l'hypothèse du Pr F. J'estime indispensable, pour bien exploiter ces résultats, d'apprécier la pertinence de la comparaison bile/sang/vitrée, avant d'en tirer quelque conclusion que ce soit. Des experts désignés par Mme la juge d'instruction n'ont apporté aucune réponse à ce point technique qui me paraît crucial.

Mieux encore, alors que la supplication de Naomi résonne encore dans nos têtes, le Pr F. va considérer que lors de l'intervention du SAMU, et au vu des rapports rédigés par la suite, il n'y avait aucune urgence vitale. Il écarte ainsi la description catastrophique

1. Inflammation du foie qui peut être mortelle entraînant une nécrose (destruction) du foie en quelques heures.

rédigée par le médecin de SOS Médecins qui était intervenu quelques minutes auparavant : non, Naomi n'avait pas vomi, non, Naomi n'avait pas saigné, non, Naomi n'avait pas d'incontinence.

Il était difficile d'imaginer l'existence de nouvelles preuves soudain accessibles, à commencer par l'enregistrement qui sera révélé quatre mois après le décès. Et pourtant, d'autres éléments vont apparaître. Toutes les affaires de l'appartement de Naomi, dont les couvertures souillées, avaient été conservées en l'état dans des cartons au domicile de la famille. Des parents effondrés qui n'ont pu se résoudre à se séparer des dernières affaires de leur fille vont permettre ainsi d'apporter des preuves irréfutables de la présence de selles, de sang et de vomissements dans l'appartement de Naomi ce matin-là. La police judiciaire va s'en saisir et les analyses confirmeront la situation décrite par SOS Médecins.

J'aimerais désormais être destinataire d'explications concernant l'incohérence du dossier médical présenté par le SAMU67, faute de quoi, on ne pourra que conclure à une falsification volontaire et il conviendra d'en tirer toutes les conséquences.

Ce n'était pas la première fois que je rencontrais un dysfonctionnement du SAMU. Plusieurs médecins régulateurs ont déjà été condamnés au pénal pour leur attitude odieuse et des comportements qui ont favorisé le décès d'individus.

Cependant, je n'oublie pas que, dans la grande majorité des cas, les assistantes, les médecins régulateurs et les pompiers vont permettre par leur remarquable engagement de sauver des vies au quotidien, en étant disponibles 24 heures sur 24, parfois au détriment de leur vie personnelle.

Je reste convaincu de la qualité de notre système de santé, mais ces cas isolés me font penser qu'il peut encore être amélioré.

Ainsi, la tragédie de Naomi a notamment mis en évidence le défaut de formation des assistants de régulation du SAMU. Aujourd'hui, l'État propose une formation d'une année, validée par un diplôme. Il était temps.

*

Dès que j'ai eu connaissance du rapport douteux du Pr F., j'ai bien entendu sollicité, auprès de Mme la Juge, la désignation d'experts judiciaires.

Quelques mois plus tard, les conclusions de ces experts nous ont été notifiées : pour eux, le paracétamol a tué Naomi. Avec une facilité déconcertante, les experts vont affirmer plutôt qu'expliquer. Ils vont reprendre à l'identique les conclusions du Pr F. en appliquant la même stratégie et sans apporter la moindre démonstration scientifique.

J'ai alors sollicité une nouvelle expertise auprès de Mme la Juge en soulevant clairement tous les manquements du travail des experts. Il m'a été répondu par la négative, estimant que toutes les réponses à nos questions avaient été apportées par les experts judiciaires. Et ce d'autant que ces réponses confirmaient l'excellent travail du Pr F.

À ce stade de la procédure, près de trois ans et demi après la mort de Naomi, aucune mise en examen à l'exception de celle de la standardiste du SAMU, ne peut donc être envisagée.

Afin d'éviter ce qui, pour moi, serait une erreur judiciaire, j'ai saisi les magistrats de la chambre de l'instruction de la cour d'appel de Colmar, en leur demandant d'accéder à ma demande d'expertise.

J'ai obtenu satisfaction, non pas par mon éloquence ou mes mouvements de manche, mais essentiellement par la communication d'un rapport établi par un expert judiciaire que j'avais sollicité.

Lors de l'une de mes expertises passées, j'avais rencontré cette femme, expert en pharmacologie, d'une compétence remarquable et d'une honnêteté intellectuelle irréprochable. Elle aurait pu, comme la plupart de ses collègues, refuser de m'aider sur un dossier aussi sensible. Mais sa passion pour la vérité et l'intérêt scientifique du cas de Naomi l'ont amenée à accepter sans hésiter. J'insiste, parce que c'est suffisamment rare pour être souligné.

Après avoir étudié l'ensemble des éléments médicaux du dossier de Naomi ainsi que les différents rapports d'expertise, ses conclusions sont diamétralement opposées au scénario bien ficelé du Pr F.

De toute évidence, aucun élément ne permet de constater un décès suite à une hépatite fulminante. Selon elle, d'autres hypothèses doivent être envisagées pour analyser les taux de paracétamol retenus qui n'indiquent pas forcément une surconsommation quelques heures avant le décès.

J'en suis convaincu à ce jour : les certitudes du Pr F. et des experts judiciaires ne peuvent résister à cette nouvelle analyse.

Mme la Juge d'instruction va désormais devoir désigner un nouveau collège d'experts, qui, je l'espère, apportera des réponses définitives.

Qu'importe pour moi qu'elles conviennent ou non aux convictions de la famille de Naomi, dès lors qu'elles seront enfin basées sur un raisonnement scientifique digne de ce nom.

Chapitre 18

L'affaire du Mediator des laboratoires Servier

Ce méga scandale qui a bien failli rester secret

« Je demande la justice.
Je réclame plus encore la liberté. »

Jacques Servier.
La Passion d'entreprendre[1], avril 1991.

On ne peut pas comprendre l'affaire du Mediator tant qu'on n'a pas compris Jacques Servier. On ne peut pas comprendre Jacques Servier tant qu'on n'a pas compris qu'il se prenait pour Dieu ! Enfin presque. Disons, pour un être omnipuissant auquel personne ne disait jamais non.

Tout au long de sa carrière, depuis le rachat en 1954 à Orléans d'un petit laboratoire qui fabriquait du sirop contre la toux jusqu'à sa disparition soixante ans plus

1. *La passion d'entreprendre*, Jacques Servier, Éditions du Rocher, 1991.

tard à la tête d'un empire, l'entêtement de Jacques Servier n'est pas qu'économique. Il est philosophique et dogmatique. Il tient à l'homme et à ses convictions profondes.

Ses livres sont autant de manifestes.

Dans le premier, *Le médicament : inventer ou mourir*[1], paru en 1982, il déplore le « procès en sorcellerie » fait à l'industrie du médicament (notamment sur le prix des médicaments) et s'élève contre « l'académisme et la dictature intellectuelle », contre le blocage des prix et l'action de « certains gouvernements passés, moralisatrice dans ses intentions et immorale dans ses conséquences ».

Pour lui, l'industrie du médicament est « une industrie idéale pour un pays moderne », « une chance exceptionnelle pour notre pays », « une industrie de vie[2] ».

Non, explique-t-il, avec lyrisme, l'entreprise n'est pas une famille, car « on s'y choisit tous les jours », mais « une sorte de tribu qui traverse le désert, qui sait que les ennemis rôdent dans les sables, qui sait que les oasis sont lointaines, qui sait que la manne céleste est infiniment rare[3] ».

Une tribu dont il dit qu'il s'est toujours acharné « à bannir les caractériels, les insociables, les cyniques et les amoraux[4] ».

Plus loin sous le titre « un syndrome de persécution », Jacques Servier estime que « le plus désastreux chez

1. *Le médicament, inventer ou mourir*, Jacques Servier, La Table ronde, 1982.

2. *Idem.*

3. *Idem.*

4. *Idem.*

nous est la multiplicité des initiatives des pouvoirs publics » : « Tant d'instances accumulent les réglementations qu'elles réussissent à créer une atmosphère de harcèlement administratif incompatible avec la vie[1]. »

Avant de conclure son premier livre ainsi : « Ce qui est aujourd'hui le plus nécessaire au progrès, à la santé et à la vie tient en trois mots : davantage de liberté. » Ces trois derniers mots étant imprimés en lettres capitales.

Autant de thèmes et de credo qu'il développera dans ses autres ouvrages : *Le médicament français, une industrie de pointe en voie de liquidation*[2], en 1986, *La passion d'entreprendre*[3], en 1991, et *Le médicament et la vie*[4], un livre de débat avec l'historien économiste Jacques Marseille, en 2007, dans lequel il cite Hippocrate : « Où est l'amour des humains, là est aussi l'amour du métier. »

En exergue de la page 71 de son premier ouvrage, Jacques Servier cite Thémistocle[5] : « Ne rien craindre et tout prévoir. » Principes qu'il appliquera tout au long de son règne à la tête de son groupe ! Mais qui n'empêcheront pas son empire de sous-estimer gravement les risques de ce que l'on appellera très vite le scandale du Mediator.

---

1. *Idem.*
2. *Le médicament français, une industrie de pointe en voie de liquidation*, Jacques Servier, Institut économique de Paris, 1986.
3. *Op. cit.*
4. *Le Médicament et la Vie*, Jacques Servier, un livre de débat avec Jacques Marseille, Perrin, 2007.
5. Homme d'État et stratège athénien (524-460 av. J.-C.).

Seul Dieu peut tout prévoir et Jacques Servier n'était pas Dieu…

*

S'il est vrai que les paroles s'envolent et que les écrits restent, les mots prononcés par Jacques Servier dans son discours de vœux à ses 22 000 salariés le 4 janvier 2011 méritent d'être une exception à la règle tant ils sont sidérants.

Alors que l'IGAS vient tout juste, le 15 décembre, de rendre public un rapport accablant et que le parquet a, dans la foulée, ouvert une enquête préliminaire, le grand patron, dès ses premiers mots, se permet d'ironiser : « Alors maintenant puisqu'il faut parler des incidents, vous savez tous que nous nous trouvons devant un incident très bruyant qui est un peu dû à l'histoire d'un de nos produits, mineur, qui s'appelle le Mediator… »

Un « incident » ! Et un produit « mineur » ! Alors que *Le Figaro* a révélé, le 14 octobre 2010, qu'une étude confidentielle de la CNAM estimait que le Mediator serait responsable de 500 à 1 000 morts[1] !

Mais là aussi, Servier ironise : « Une charmante dame[2], professeur à Brest, a dit qu'il y avait 500 morts. Très bon chiffre 500. C'est un vrai chiffre marketing. »

1. Un chiffre qui sera porté à 1 500-2 000 par une expertise ordonnée par le Pôle de santé publique de Paris, en avril 2013.

2. La pneumologue Irène Frachon qui sera la véritable lanceuse d'alerte dans ce scandale en révélant, en juillet 2009, les résultats d'une étude accablante pour le Mediator menée au sein du CHU de

Non, la vérité, sa vérité est toute autre et il va la délivrer à ses salariés pour les rassurer : « Mais on a bien regardé dans nos papiers, y a peut-être trois personnes qui sont mortes sous le médicament et ces trois personnes étaient dans un très mauvais état, elles seraient mortes d'autre chose… »

Trois morts dont les causes du décès n'étaient donc pas imputables au Mediator. Dans le petit monde de Jacques Servier, plus le mensonge est gros, plus il passe !

« Mais enfin, il ne faut pas trop s'en inquiéter, poursuit le docteur Servier. Moi je suis très placide. » D'autant que, comme il l'affirme, « miraculeusement ou d'une façon frappante, pratiquement l'unanimité des médecins, notamment des cardiologues, s'est rangée avec nous. »

Et comme s'il craignait que cela ne suffise pas, il utilise une technique de gestion de crise vieille comme le monde, resserrer les rangs face à un ennemi commun et menaçant[1] : « La vérité, c'est que nous nous sommes heurtés à une mafia. Une mafia, c'est quelque chose de très intéressant qui n'existait pas beaucoup en France [...] mais on s'est heurté à une mafia et c'est une mafia très intéressante parce qu'elle est à plusieurs niveaux. Il y a un niveau supérieur qui sont des illuminés, les

---

Brest, puis en publiant en juin 2010 un livre *Mediator, 150 mg, combien de morts ?* Éditions Dialogues.

1. Tout en annonçant à ses salariés une augmentation générale de 3,5 %, soit bien plus qu'en 2010 (+ 1,15 %) et surtout qu'en 2009 où il n'y en avait pas eu.

politisés et derrière, vous croyez que l'organisation formidable qui a été mise en jeu s'est faite sans argent et sans intendance ? Eh bien non. Nous sommes persuadés qu'il y a derrière quelques intérêts financiers très puissants. »

En résumé, l'affaire du Mediator, ce complot ourdi par une puissante « mafia », se traduit par un « incident mineur », « peut-être trois morts » et ne l'empêche pas d'être « placide » en ce début d'année 2011.

*

Pour moi, bien avant l'ouverture du procès correctionnel de Paris le lundi 23 septembre 2019, les laboratoires Servier sont dans la nasse et n'ont aucune chance de s'en sortir[1].

Les principaux protagonistes de ce dossier hors norme sont le docteur Irène Frachon ainsi que les trois juges d'instruction du Pôle de santé de Paris qui vont accomplir un travail pharaonique pour analyser la naissance et la vie d'une molécule sur plus de quarante ans et auditionner des centaines de victimes.

Mais avant tout, je veux rendre ici hommage à celle par qui le scandale a éclaté après un combat de plusieurs années. Son livre *Mediator 150 mg, combien de morts ?* paru en juin 2010 doit s'apprécier comme un cri de

1. Les laboratoires Servier rejettent toute faute pénale et sont présumés innocents. Le jugement est attendu pour le 29 mars 2021.

détresse d'un médecin, témoin de l'inertie de l'administration française face à un nombre incroyable de décès…

J'ai eu la chance de rencontrer le docteur Irène Frachon à l'occasion du premier procès Mediator devant le tribunal de Nanterre sur citation directe. Procédure initiée en mai 2013 par mes confrères et portée par un enthousiasme délirant et l'espoir un peu fou d'obtenir une condamnation de Jacques Servier [1] à la lumière d'une instruction réalisée à la barre.

Cette procédure n'a pas fait long feu, mais, je le reconnais bien volontiers, a eu le mérite de contraindre Jacques Servier à se présenter dans une salle d'audience. Pour la plus grande satisfaction des victimes. C'était symboliquement d'autant plus fort qu'il décédera le 16 avril 2014, à l'âge de quatre-vingt-douze ans, plus de cinq ans avant l'ouverture du procès devant le tribunal correctionnel de Paris.

La pneumologue brestoise, véritable docteur Courage, a pris tous les risques pour que tombent les murailles de l'omerta de l'industrie pharmaceutique française.

Lors d'une audience, le docteur Frachon a expliqué aux magistrats l'essentiel de la problématique avec seulement quelques morceaux de Lego représentant la molécule d'Isoméride et démontré qu'il suffisait d'ajouter un petit Lego à tel endroit, pour obtenir la molécule du Mediator ! Lequel était donc le cousin très proche d'une

1. Il décédera onze mois plus tard, le 16 avril 2014, à l'âge de quatre-vingt-douze ans.

amphétamine (l'Isoméride, également produite par les laboratoires Servier) qui sera interdite dès septembre 1997[1], ce qui n'a pas empêché le Mediator d'être commercialisé jusqu'en novembre 2009. Soit durant douze années supplémentaires. Le temps de faire encore quelques centaines de morts...

Le maquillage était grossier et pourtant le monde scientifique n'a rien vu ou en tout cas rien dit pendant des décennies. Pourtant, les faits étaient là, sous leurs nez : qu'il s'agisse de l'Isoméride (dexfenfluramine), du Pondéral (fenfluramine) ou du Mediator (Benfluorex), tous contiennent de la norfenfluoramine, une substance anorexigène (coupe-faim) du groupe des amphétamines[2]. Tous peuvent avoir des effets secondaires similaires et occasionner des valvulopathies[3] ou des HTAP[4].

1. Un mois plus tôt, l'Isoméride (commercialisée aux États-Unis sous le nom de Redux) avait été retirée du marché américain. Après seulement une année de mise en vente, elle était accusée de favoriser l'apparition de HTAP.

2. Dès septembre 1993, une étude de pharmacocinétique baptisée Gordon établit qu'aux doses thérapeutiques les trois médicaments exposent à la même dose du principal métabolite actif, la norfenfluramine.

3. La valvulopathie est une maladie qui touche les valvules cardiaques. Une ou plusieurs d'entre elles ne fonctionnent pas correctement, à savoir qu'elles ne se ferment ou ne s'ouvrent pas complètement, obligeant le cœur à pomper plus fort à chaque battement.

4. L'hypertension artérielle pulmonaire ou HTAP est une maladie rare provoquée par une augmentation de la pression artérielle dans les artères qui relient le cœur aux poumons, les artères pulmonaires, aboutissant à une insuffisance cardiaque droite.

*

Au début, les dossiers comme le Mediator vous dominent, vous écrasent par le poids des milliers de victimes. Le procès, dont les audiences sont prévues sur plus de six mois, s'annonce historique avant même son ouverture. Chacun d'entre nous aura un rôle dans cette fresque palpitante qui s'inscrira dans l'histoire de notre justice.

Il nous aura fallu patienter longtemps, nous mais surtout les victimes, afin de pouvoir nous exprimer dans l'enceinte d'un tribunal. Six années de combat acharné des laboratoires Servier pour retarder l'échéance. Six années durant lesquelles ils vont accepter d'indemniser des victimes sans reconnaître pour autant leur responsabilité. Six années où ils vont tenter d'améliorer leur image pulvérisée par ce scandale.

Plus de cent jours d'audience relèvent de l'exceptionnel et d'une disponibilité sans faille de l'ensemble de mon équipe, pour être prêts, à chaque instant, afin de défendre au mieux les intérêts des 2 500 victimes que nous représentons.

S'il est vrai que nous étions plus de 800 avocats représentant les parties civiles, j'avais la responsabilité de représenter plus de la moitié des victimes et il n'était pas question d'être absent, ne serait-ce qu'une heure, aux audiences de ce procès-fleuve.

Ainsi, nous avons plaidé avec l'une de mes associés et deux autres collaboratrices durant une journée entière. Jamais de ma vie professionnelle je n'avais connu pareil exercice. Nous avons, je pense, su mettre tous les moyens et l'énergie nécessaires pour représenter au mieux ce si grand nombre de plaignants.

Mme la Présidente a ouvert les débats en citant l'écrivain américain Mark Twain : « Le danger, ce n'est pas ce qu'on ignore, c'est ce qu'on tient pour certain et qui ne l'est pas. »

De mon côté, j'ai conclu ma plaidoirie par une citation du même auteur qui, à mon sens, illustrait parfaitement notre combat contre Servier : « Un mensonge peut faire le tour du monde le temps que la vérité mette ses chaussures. »

Pour assurer leur défense, les laboratoires Servier avaient mobilisé la plupart des ténors en activité. L'un d'entre eux, Me Hervé Temime, a, de sa plaidoirie au dernier jour du procès le lundi 6 juillet 2020, demandé que la loi, rien que la loi, soit appliquée : « Nous attendons de la justice de l'impartialité. Nous ne sommes pas les uns contre les autres, les salopards contre les bons. Il y a l'application de la loi. Et nous vous demandons avec confiance de rendre une décision qui respecte le droit[1]. »

Le 23 juin, dans le volet « tromperie aggravée », la procureure, Aude Le Guilcher, a requis un total de 8,2 millions d'euros d'amende contre les différentes entités du groupe Servier, et 2 millions de contraventions. Elle a requis trois ans de prison ferme contre l'ex-numéro 2 des laboratoires,

1. « Mediator : les avocats de la défense de Servier demandent "l'impartialité" du tribunal », Valérie de Senneville, *Les Échos*, 6 juillet 2020.

Jean-Philippe Seta et 200 000 euros d'amende à l'encontre de l'Agence nationale de sécurité du médicament.

Dans le volet « conflits d'intérêts », la procureure Cristina Mauro a requis le lendemain des peines d'un à deux ans de prison avec sursis pour les personnes physiques, essentiellement des experts scientifiques, et des amendes de 375 000 euros à 1,875 million d'euros pour les personnes morales.

Nous, les victimes et leurs conseils, attendons avec impatience le délibéré qui sera prononcé le 29 mars 2021.

*

L'un des temps forts du procès, à l'exception bien entendu des témoignages bouleversants des victimes, a été l'audition de Xavier Bertrand, ancien ministre de la Santé[1], cité comme témoin par les laboratoires Servier. Un choix qui reste pour moi toujours aussi inexpliqué et desservira complètement la cause de Servier.

Il faut se souvenir qu'au jour où éclate le scandale, Xavier Bertrand est ministre de la Santé depuis 48 heures tout juste. Il évoque, avec son éloquence, tout le mal qu'il pense de la politique de Servier. Et les ténors de la défense vont vivre un moment difficile, même les meilleurs paraissent déstabilisés.

---

1. De juin 2005 à mars 2007 sous le gouvernement de Dominique de Villepin, puis de novembre 2010 à mai 2012 au sein du gouvernement de François Fillon.

Une simple phrase de Xavier Bertrand met le feu aux poudres : « Il y a une volonté de dissimulation de certains faits. Je ne suis pas juge, je suis témoin. » Il est alors coupé par l'un des avocats du groupe Servier, François de Castro : « Vous êtes accusateur ! »

Me Temime estime ce jour-là que le ministre Xavier Bertrand en présentant Servier « dès l'origine (en novembre 2010) comme coupable » a porté « une atteinte irrémédiable à la présomption d'innocence », que l'État dans cette affaire s'est assis sur Servier « comme sur un paillasson ».

Ces propos, Xavier Bertrand les « assume » et les répète : « Qui a produit le Mediator ? Qui par ses manœuvres a empêché d'y voir clair ? Le premier responsable, c'est Servier ! »

L'allusion au rapport de l'IGAS commandé par lui dès fin novembre 2010 est évidente. Ce rapport très sévère sera rendu public, le 15 janvier 2011, lors d'une conférence de presse qui aura l'effet d'un séisme dans le monde de l'industrie pharmaceutique.

Xavier Bertrand va alors déclarer avoir été « effaré par le comportement du laboratoire et par les failles du système », et il va stigmatiser « la responsabilité première et directe des laboratoires Servier ».

Il faut reconnaître que les conclusions du rapport sont froides et tranchantes comme une lame de rasoir. L'IGAS dénonce, notamment, « le comportement et la stratégie des laboratoires Servier qui, pendant trente-cinq ans, sont intervenus sans relâche auprès des acteurs de la chaîne du médicament pour pouvoir poursuivre la commercialisation du Mediator », « l'incompréhensible tolérance de l'Agence du médicament à l'égard du Mediator » et « les graves défaillances du système de pharmacovigilance ». L'Agence française de sécurité sanitaire et des produits de santé (AFSSAPS) est qualifiée de « structure lourde, lente, peu réactive, figée dans une sorte de bureaucratie sanitaire ». Enfin, explique l'IGAS, « la mission a eu connaissance de pressions exercées par des personnes appartenant au laboratoire Servier sur des acteurs ayant participé à l'établissement de la toxicité du Mediator ». On comprend qu'un tel pilonnage ait laissé quelques rancunes tenaces…

D'autant que dans la foulée, en décembre 2010, le parquet lance une enquête préliminaire avant d'ouvrir deux informations judiciaires pour « tromperie aggravée par la mise en danger de l'homme » et « blessures et homicides involontaires », le 18 février 2011. Lesquelles aboutiront à ce procès devant le tribunal correctionnel de Paris.

Le décès de Jacques Servier en avril 2014 a entre-temps privé les 22 000 salariés du groupe de leur maître à penser, mais aussi de leur bouclier. Jean-Philippe Seta, numéro 2 du groupe Servier, et Emmanuel Canet, représentant actuel des laboratoires Servier, seront bien seuls sur le banc des prévenus !

Xavier Bertrand poursuit son audition avec la froideur des hommes politiques quand ils sont certains d'être dans leur bon droit. Suite à l'affaire du Mediator, il dit avoir « amélioré le système » en créant en avril 2012 l'Agence nationale de sécurité du médicament (ANSM) en remplacement de l'AFSSAPS née en juillet 1998. Et aussi avoir fait voter une loi importante relative au « renforcement de la sécurité sanitaire du médicament et des produits de santé imposant la transparence des acteurs du monde de la santé ».

Lors de l'audience, je vais interroger l'ancien ministre sur l'étonnant financement de l'Agence du médicament à hauteur de 95 % par l'industrie pharmaceutique et donc par ceux qu'elle était censée contrôler. Il faut aussi rappeler que le dictionnaire médical Vidal est exclusivement rédigé par les laboratoires pharmaceutiques.

Comme nous l'avons vu tout au long de ce livre, l'État a laissé les labos prendre la main sur la formation des médecins, sur l'Agence du médicament, sur les revues médicales...

Les lois de Xavier Bertrand ont bien évidemment amélioré le système, mais nous sommes encore assez loin d'un système infaillible. Bien au contraire, j'aimerais avoir un jour la certitude que l'Agence du médicament n'est pas une agence créée pour protéger le médicament plutôt que le patient comme elle l'a été pendant des années. L'affaire de la Dépakine n'est pas faite pour me rassurer, comme je l'ai expliqué.

Au passage, je ne pourrais pas m'empêcher de rappeler à Xavier Bertrand que Nicolas Sarkozy a remis la Légion d'honneur à Jacques Servier en 2009, et que son nom est toujours couché sur le tableau de cette haute distinction nationale.

Dans l'ensemble, le climat général des audiences a été plutôt très respectueux de la souffrance des victimes. La

Présidente, ses assesseurs, le procureur, les greffiers et les huissiers ont su être à la hauteur de l'événement avec une écoute toute particulière des quelques victimes qui ont eu le courage de s'exprimer à la barre. Le ton entre avocats des victimes et de la défense a été le plus souvent confraternel. Les tensions les plus fortes qui ont pu être ressenties émanaient davantage du banc de la défense. Entre les conseils des laboratoires Servier et ceux de l'Agence du médicament, il y a eu des frictions. Les premiers ne se priveront pas de poser quelques questions embarrassantes : pourquoi l'AFSSAPS a-t-elle été perquisitionnée un an après les laboratoires Servier ? et pourquoi a-t-elle été prévenue la veille ?

Sachant que Jacques Servier avait lui aussi été prévenu de l'arrivée des policiers... De sorte qu'une partie des archives, probablement la plus sensible, n'a pu être retrouvée. On peut imaginer que ce jour-là le broyeur a fonctionné à plein régime...

Pour se défendre d'être une « structure lourde et peu réactive », l'Agence du médicament laissera ses avocats contre-attaquer. Le labo va donc être bousculé sur la qualité des informations qu'il a fournies au fil des années à l'agence. Et sur la façon dont il a donné une par une les pièces d'un puzzle géant en dispersant les informations d'un service à un autre. En effet, comme il n'y avait aucune coordination au sein de l'AFSSAPS, aucune information ne remontait. Pour moi, un système aussi incohérent ne pouvait qu'être volontaire

Jamais il n'aurait été possible pour le laboratoire d'agir aussi aisément si le système de surveillance n'avait pas été aussi défaillant, voire sous l'influence des hommes de Servier.

*

Le tout premier dossier sur le Mediator avec des effets indésirables identifiés a été déclaré par le docteur Georges Chiche, cardiologue marseillais. L'un de ses patients, médecin lui-même, qu'il avait soigné suite à un infarctus en 1992 s'était autoprescrit du Mediator pendant six ans sur les conseils du docteur Chiche, afin d'éviter une prise de poids contre-indiquée pour son cœur.

Fin 1998, Georges Chiche le revoit en consultation et découvre que son patient présente une atteinte de la valve aortique sans lien avec sa pathologie initiale. Fort de l'expérience Isoméride, il fait le lien entre les atteintes mitrales et aortiques et la prise de Mediator.

Le 10 février 1999, le cardiologue va donc faire une déclaration d'effet indésirable au Centre régional de pharmacovigilance (CRPV) de Marseille, car, dira-t-il lors de son audition du 15 octobre 2019, « il est en alerte sur ce produit depuis 1995 ».

Il ne reçoit aucun accusé de réception du centre national, en revanche, il est immédiatement mis sous pression. Et pour cause : son patient qui ne prend aucun autre médicament depuis des années constitue une preuve certaine de la dangerosité du Mediator pour les valves cardiaques. Suite au scandale de l'Isoméride commercialisé par les laboratoires Servier, le médicament est officiellement sous contrôle depuis plus de trois ans.

Georges Chiche reçoit d'abord la visite d'un délégué de Servier qui lui dit que son observation est « nulle et minable[1] », qu'il doit la retirer. Puis il accepte, à la demande du CRPV, de rencontrer le 26 février 1999 une médecin chargée de la pharmacovigilance chez Servier puisque, dit-il, « je n'ai pas peur et je n'ai pas fui ». Le médecin se dira « humilié de la leçon qu'elle va lui donner » : « En gros, elle m'explique que je dis des bêtises[2]... »

La troisième salve viendra, expliquera-t-il à la barre, d'un adjoint à la mairie de Marseille, cardiologue lui-même, qui lui téléphone et l'engueule : « Georges, tu es brillant. Comment peux-tu écrire des conneries pareilles ? Il faut retirer tes observations[3] ! »

Le docteur Chiche ne sera pas vraiment impressionné par les différentes pressions, mais plutôt écœuré par l'inertie totale de l'AFSSAPS. À tel point qu'il va déclarer, lors de son audition, qu'il ne fera plus jamais de remontée d'effets indésirables par la suite, lassé par le système. Et il ne sera pas le seul : « Tous mes confrères au courant de l'histoire, ça leur a coupé les bras ! » Alors qu'ils étaient déjà très peu à le faire. C'est dramatique !

Heureusement, le médecin marseillais optera pour une autre stratégie : déprescrire le Mediator et persuader un maximum de patients de l'arrêter.

---

1. Déposition du docteur Georges Chiche devant le tribunal correctionnel de Paris le mardi 15 octobre 2019.
2. *Idem.*
3. *Idem.*

Le cas soulevé par le docteur Chiche va déclencher un véritable plan Orsec[1] au sein des laboratoires Servier. Même s'ils se sentent encore intouchables à cette époque, ils sont très vigilants sur la moindre faille de leur dispositif. Et ils ont raison car doucement mais sûrement l'étau commence à se resserrer.

Dès le 31 mai 1999, un rapport établi par deux médecins italiens à la demande de l'Agence européenne du médicament s'inquiète des risques potentiels du Mediator en raison de sa parenté avec l'Isoméride.

On comprend mieux alors toute la politique mise en place par Jacques Servier pour consolider les digues autour de son produit. Il y a notamment un courrier interne signé d'un haut dirigeant de l'entreprise, le 15 novembre 1999, qui indique que « le texte de référence validé par le docteur Servier, concernant le métabolisme du Mediator, doit constituer la seule réponse tant à l'oral qu'à l'écrit à toute question » à ce sujet. En clair, cela veut dire : « Voilà ce qu'il faut dire sur le Mediator et rien d'autre ! C'est un bon produit contre le diabète et en aucune façon un coupe-faim. »

Un texte de référence dont la conclusion est « Mediator se distingue radicalement des fenfluramines (nda : principe actif de l'Isoméride et du Pondéral) tant en termes de structure chimique et de voies métaboliques que de profil d'efficacité et de tolérance ».

1. Plan d'urgence de gestion de crise.

On ne peut que déplorer tout ce temps perdu : avec des effets positifs quasi inexistants et des bénéfices si faibles, le moindre effet négatif devait l'emporter. Le Mediator aurait dû être retiré du marché dès cette année 1999, soit peu de temps après l'Isoméride banni en septembre 1997.

Et pourtant il n'en sera rien.

Pour être encore plus précis, j'estime que l'Isoméride, le Pondéral et le Mediator n'auraient jamais dû être mis sur le marché. Personne n'ignorait les effets secondaires des amphétamines[1] dont l'usage a été expérimenté à grande échelle durant la Seconde Guerre mondiale, au sein de l'armée allemande notamment. Ces trois molécules sont des amphétamines modifiées tout aussi dangereuses.

Les effarantes défaillances et complicités constatées par l'IGAS fin 2010 permettront à « l'ami Ben » (Benfluorex, la dénomination internationale du Mediator) de continuer son petit bonhomme de chemin jusqu'en 2009. Et d'allonger encore la liste de ses victimes…

*

Dans les mentalités, je ne suis pas sûr qu'en France, on ait bien compris à quel point les coupe-faim sont dangereux ! Tout le monde, dans les années 80-90, avait pourtant entendu parler de l'Isoméride et du Pondéral…

1. Excitant du système nerveux central qui a notamment pour effets de supprimer le besoin de sommeil et la sensation de faim.

Des années 50 aux années 70, les experts du laboratoire Servier vont décortiquer la molécule pour essayer d'enlever tout ce qui peut avoir des effets secondaires comme des valvulopathies ou des HTAP.

Il est ainsi établi que la molécule du Benfluorex est découverte à la fin des années 60 dans le cadre de recherches pour trouver un successeur au Pondéral, commercialisé dès 1965. Et que sa métabolite ultime est la norfenfluramine. De même les effets anorexigènes du Benfluorex sont parfaitement identifiés lors d'étude sur les animaux dès le printemps 1967 ! Effets qui seront validés sur l'homme « avec une très bonne tolérance » entre 1968 et 1973 !

Le 1er septembre 1976, le Mediator pouvait faire sa grande entrée sur le marché ! Comme anti-diabétique et surtout pas comme anorexigène. Les laboratoires Servier déploieront des efforts constants pour dissimuler le véritable objectif de leur nouveau bébé. Ainsi aucune allusion ne sera faite aux vertus anorexigènes dans la demande d'AMM de novembre 1973. Pas davantage aux études sur les effets anorexigènes observés sur l'animal puis sur l'homme lors de la mise au point du médicament...

*

Dès les premiers mois du scandale, fin 2010-début 2011, l'Association d'aide aux victimes du Mediator et de l'Isoméride (AVIM), dont je suis l'avocat, va réunir des centaines de victimes. Plus j'avance dans ce dossier, plus je prends conscience de l'horreur de la situation. De toute évidence, une fois encore, l'AFSSAPS a tout mis en œuvre pour protéger les médicaments et pas les patients…

Parfois, ses membres vont avoir quelques semblants de lucidité. Dans les années 90, envahis d'un doute, ils vont solliciter les laboratoires Servier afin qu'ils enquêtent eux-mêmes sur l'éventuelle dangerosité de leur produit.

Pour mener à bien cette enquête, Servier sollicite Lucien Abenhaïm, épidémiologiste québécois[1], un homme de qualité, non corrompu. Compétent et totalement indépendant.

Lors de son audition, ce dernier expliquera avoir été contacté en 1992 pour organiser la première étude internationale sur l'Isoméride et le Pondéral baptisée IPPHS[2].

L'étude IPPHS présentée le 28 avril 1995 démontrera que ces coupe-faim sont de vraies bombes à retardement. Elle établit le lien entre la prise de ces fenfluramines et l'hypertension artérielle pulmonaire. Une pathologie mortelle dont le risquc statistique augmente alors d'un facteur 5 à 6 !

Il faudra donc attendre le 15 septembre 1997 pour qu'il soit décidé de suspendre l'autorisation de mise sur le

1. Qui sera ensuite directeur général de la santé au ministère entre 1999 et 2003.
2. International primary pulmonary hypertension study.

marché de l'Isoméride et du Pondéral. Mais ce ne sera pas du fait de cette étude pourtant implacable, mais du scandale de l'Isoméride sur le marché américain. Un scandale déclenché par l'étude SNAP (équivalent américain de l'IPPHS) lancée en 1996 par Lucien Abenhaïm et d'anciens scientifiques du groupe IPPHS mais qui ne sera pas financée par Servier. SNAP est arrivée aux mêmes conclusions concernant le Redux, le nom américain de l'Isoméride, autorisé de justesse par la FDA[1] en août 1995 dans des circonstances dignes d'un mauvais polar.

Il faut savoir que le Redux aura aux États-Unis un succès sans précédent dès les premiers mois de sa commercialisation ! Il réalisera les plus fortes ventes sur un an tous médicaments confondus. Un coupe-faim efficace pour les personnes obèses, c'était un produit miracle pour le marché américain et une aubaine pour le laboratoire !

Il ne faudra pas longtemps aux Américains pour évaluer la dangerosité de Redux et la FDA ne mettra pas trente-cinq ans pour l'interdire. Après avoir rapporté 300 millions de dollars à Servier en 1996, le Redux, accusé de favoriser l'apparition de HTAP, est retiré en août 1997. Un fiasco américain qui coûtera une fortune en frais de justice à Servier[2] !

C'est à partir de ce moment-là que, comme l'expliquera l'épidémiologiste canadien durant le procès, ses

1. La Food and Drug Administration est l'Agence du médicament américaine.

2. Selon *Le Figaro* du 7 juin 2011, « le laboratoire a dû faire face aux États-Unis et au Canada à des mass-actions géantes de plus de 155 000 patients pour un coût dépassant les 21 milliards de dollars ».

« rapports avec Servier qui étaient excellents vont se détériorer ». Il s'agit là d'un pur euphémisme tant sa vie est compliquée dans les années qui suivent. Lucien Abenhaïm est désormais sur une liste noire de scientifiques *non grata* et subit pressions, tentatives de discrédit et menaces diverses…

Interrogé par une commission sénatoriale en mars 2011[1], notamment sur l'absence du Mediator dans l'étude IPPHS, Lucien Abenhaïm déclare : « Pour répondre à votre question, à l'époque je ne savais pas que le Mediator était un anorexigène, qu'il s'agissait du Benfluorex[2]. Je n'ai pas pensé une seule seconde qu'un pays comme la France puisse avoir laissé sur le marché une fenfluramine, produit mortel, avec la publicité extraordinaire qu'avait eue le retrait mondial des fenfluramines… »

*

Comme je le disais plus haut, le Mediator sera cependant mis sous surveillance en 1995-1996. C'est la suite logique des conclusions du rapport IPPHS. Le 25 octobre 1995, Benfluorex est interdit de préparation magistrale en pharmacie, on ne peut plus choisir le dosage…

Il y a de plus en plus de petits témoins rouges qui clignotent. Le cas du patient du docteur Chiche va arriver en février 1999 dans une ambiance de suspicion, et

1. https://www.nossenateurs.fr/francois-autain/dossier/31694
2. Benfluorex est la dénomination commune internationale (DCI) du Mediator.

aurait dû porter un coup fatal à la commercialisation du Mediator.

C'est à s'interroger sur l'utilité d'avoir mis ce médicament sous enquête (une procédure rare) vu l'impunité dont il va encore bénéficier de 1995 à 2009... Quatorze ans de surveillance pour arriver à ce résultat...

De leur côté, Jacques Servier et Jean-Philippe Seta savent bien que le Mediator est en danger et sur plusieurs fronts. Notamment sur le déremboursement par la sécurité sociale s'il est trop prescrit hors AMM, et donc comme coupe-faim. Il y a déjà eu deux ou trois procédures de déremboursement qui ont été lancées mais qui, de façon étonnante, vont à chaque fois sombrer dans l'oubli...

Le déguisement en anti-diabétique du Mediator est mis à rude épreuve, mais le laboratoire continue de faire feu de tout bois pour dissimuler son caractère anorexigène. Certains à l'AFSSAPS s'étonnent qu'il n'y ait aucun retour des laboratoires Servier, alors que, depuis des années, on leur demande d'apporter la preuve de l'efficacité de leur produit contre le diabète. La stratégie de Servier consiste à gagner du temps. D'échange de courriers inutiles en échange de courriers perdus, il bénéficiera d'années supplémentaires de commercialisation, sans que cela ne choque grand-monde.

Demandée par l'Agence du médicament fin 1999, une nouvelle étude, baptisée Regulate, ne sera mise en œuvre qu'en janvier 2006, un délai invraisemblable. Elle est effectuée sur 400 volontaires, mais ses résultats ne seront disponibles qu'en septembre 2009. Ils vont enfin démontrer scientifiquement l'effet délétère du Mediator sur les valves cardiaques !

L'alerte devient très sérieuse d'autant qu'entre-temps, en juillet 2009, Irène Frachon a présenté devant le Centre national de pharmacovigilance (CNPV) les résultats préliminaires accablants de son étude de cas au sein du CHU de Brest.

Espérant sans doute gagner encore quelques mois, voire années, le laboratoire demande à l'AFSSAPS de réduire les prescriptions et la durée du traitement.

Le 23 octobre 2009, la première fois où la commission AFSSAPS va siéger pour envisager la suspension du produit, le quorum ne sera pas atteint ! C'est la politique de la chaise vide. On fait de la résistance jusqu'au bout. Pour gagner encore quelques semaines voire quelques mois...

S'il fallait la preuve que l'Agence du médicament était sous l'influence de Jacques Servier, nous l'avions.

Heureusement, après ces ultimes tentatives – un peu désespérées – du laboratoire, l'AFSSAPS va enfin décider du retrait du Mediator lors d'une nouvelle réunion de sa commission le 12 novembre 2009 et ordonner la suspension de sa commercialisation le 25 novembre.

Ce qui n'était pas gagné d'avance, car tous les témoignages démontrent à quel point les membres de l'agence, bousculés sans cesse par les gens de Servier depuis des années, en avaient bavé pour sortir l'Isoméride et le

Pondéral du marché français. Au moment de s'attaquer au Mediator, ils étaient comme usés.

C'est, pour moi, un aveu hallucinant. Qui prouve, s'il en était encore besoin, que lorsque vous menacez le système, le système vous détruit.

*

J'ose espérer aujourd'hui qu'une telle situation ne pourrait pas se reproduire. Tant de victimes ignorées. Un système vérolé de l'intérieur. Des hommes sans scrupule…

Et pourtant j'en doute.

Alors que les laboratoires Servier répètent en boucle que le Mediator n'est pas un anorexigène et qu'ils ne peuvent être tenus pour responsables des prescriptions hors AMM [1], la condamnation financière qui leur est réclamée par Mmes les procureures correspond à la sanction la plus lourde prévue par nos textes. Cette somme de quelques centaines de millions représente quelques heures du chiffre d'affaires mondial du groupe Servier. Je doute de l'effet dissuasif d'une telle sanction.

Au motif qu'il y a plus de 20 000 salariés au sein de cette entreprise, aucune interdiction d'activité n'a été évoquée.

Pourtant, si l'on veut vraiment faire changer l'attitude de certains laboratoires, seules de réelles sanctions financières, comme les 21 milliards de dollars versés par

1. Contestant ainsi toute responsabilité pénale.

Servier aux États-Unis pour dédommager les victimes du Redux, pourraient les amener à réfléchir différemment.

Les sommes qui seront allouées par le tribunal à chaque victime meurtrie par le Mediator (et que devront assumer les laboratoires Servier) seront fixées par les magistrats dans les semaines à venir.

S'il s'agit d'une juste indemnisation, ce sera une source de contentement pour les milliers de plaignants que nous représentons, mais surtout un avertissement sans précédent pour les laboratoires pharmaceutiques.

Je suis par ailleurs convaincu des efforts de l'Agence nationale du médicament. Elle est la seule lors de ce procès à avoir reconnu sa responsabilité et tend à améliorer son fonctionnement pour être enfin ce gendarme efficace qui a cruellement fait défaut pendant toutes ces années.

Quel que soit le délibéré, je peux affirmer, auprès de toutes mes victimes, la fierté que j'ai eue de les représenter au gré de ce long combat et mon espoir de leur avoir apporté justice et satisfaction.

Épilogue

Porté par l'espoir

Après avoir ainsi remonté le temps et parcouru ces décennies de combats, je prends conscience davantage encore à quel point toutes ces tragédies resteront en moi.

Ces visages, ces sourires, ces larmes...

Tant d'autres familles de victimes que je n'ai pas citées dans ce livre viennent s'ajouter à ces récits.

Je sais que, parfois, certains critiquent notre mode d'action, considérant que nous sommes excessifs, que nous souhaitons « américaniser » notre système judiciaire. Je ne le vois pas ainsi. Mon espoir en réclamant sans répit à nos magistrats que justice soit rendue est seulement de tenter de l'améliorer.

Pire encore, certains nous considèrent responsables d'une désertification médicale, nous reprochent d'être des briseurs de vocation. C'est bien mal connaître et apprécier la problématique que de vouloir nous en accuser.

Comme je vous l'ai raconté dans ces pages, les victimes, isolées et vulnérables, subissent trop fréquemment les excès, les dysfonctionnements du monde médical et de l'industrie pharmaceutique.

Notre engagement est simplement de les aider contre ces injustices, mais sûrement pas de nous opposer systématiquement aux médecins et aux laboratoires, loin de là.

J'ai toujours mis en valeur notre système de santé, que je considère comme l'un des meilleurs au monde, avec des femmes et des hommes dévoués au-delà du raisonnable.

Non, je ne suis pas antivaccin, mais favorable à la vaccination de masse pour nous protéger de la Covid-19.

J'en ai la conviction : l'intérêt collectif doit prévaloir sur l'intérêt individuel en de pareilles circonstances.

J'ai apprécié les propos courageux de certains scientifiques qui ont annoncé qu'il y aurait inévitablement chez certaines personnes vaccinées, très minoritaires *a priori*, des effets secondaires graves et l'apparition de maladies auto-immunes.

Le législateur, par décret pris en fin d'année 2020, a élargi l'application de l'article L. 3131-15 du code de la santé publique aux victimes des vaccins contre la Covid-19. Ainsi, comme pour toutes les victimes d'un vaccin obligatoire, un fonds de solidarité prendra en charge l'indemnisation des victimes.

Plutôt que nier la difficulté, il me paraît plus constructif de l'évoquer. En amont et frontalement.

Parfois, je rêve d'échanger sur tous ces sujets autour d'une grande table avec tous les acteurs du dommage corporel, des scientifiques, des magistrats. Chacun laissant au vestiaire ses préjugés, ses intérêts personnels et ses arrière-pensées politiques.

J'aimerais tellement, par exemple, que l'on me justifie, preuves à l'appui, l'intérêt de l'aluminium dans certains vaccins...

J'ai un autre rêve qui, celui-ci, prend davantage forme, lentement certes mais les progrès sont là : une agence nationale du médicament dévouée exclusivement aux patients.

De récents scandales sanitaires, dont celui de la Dépakine, me laissent penser que le chemin à parcourir est encore bien long avant d'obtenir un meilleur fonctionnement de notre système de contrôle et un meilleur sort réservé aux victimes.

Mais j'y crois et heureusement.

Comme l'a si bien dit le général de Gaulle : « La fin de l'espoir est le commencement de la mort. »

J-C.C.

Remerciements

À mon épouse, Emma, et mes trois enfants, Constance, Sacha et Nina, pour leur écoute et leur soutien.

À Éric Maitrot, mon co-auteur, qui m'a conseillé et accompagné tout au long de cette aventure d'écriture et de mémoire.

À toute mon équipe, associés, collaboratrices, assistantes, sans qui rien n'aurait été possible avec une mention particulière à Hélène, pour son aide si précieuse dans la préparation de ce livre.

Au docteur Dominique Courtois, pour m'avoir guidé dans mes premiers pas.

À mon père, pour sa présence réconfortante.

À ma mère et ma marraine pour leur affection.

TABLE DES MATIÈRES

Imprimé en France par CPI
en février 2021

Cet ouvrage a été mis en page par IGS-CP
à L'Isle-d'Espagnac (16)

Dépôt légal : mars 2021
N° d'édition : L.01ELKN000810.N001
N° d'impression : 162538